Ilse Jüntschke

Abschied und Neubeginn im Kindergarten

Anregungen und Vorschläge
für Erzieherinnen

Mit Illustrationen von Elke Junker,
Stefan Horst und Iris Buchholz

Verlag Ernst Kaufmann

Die Deutsche Bibliothek – CIP-Einheitsaufnahme

Jüntschke, Ilse:
Abschied und Neubeginn im Kindergarten: Anregungen und Vorschläge für Erzieherinnen / Ilse Jüntschke. Mit Ill. von Elke Junker ... – Lahr: Kaufmann, 1998
  ISBN 3-7806-2440-0

1. Auflage 1998*
© 1998 Verlag Ernst Kaufmann, Lahr
Alle Rechte vorbehalten · Printed in Germany
Gesamtgestaltung: Elke Junker, Stefan Horst und Iris Buchholz
Hergestellt bei Präzis-Druck GmbH, Karlsruhe
ISBN 3-7806-2440-0

Inhalt

Zum Geleit

Vertrautes hinter sich lassen, Abschied nehmen und etwas Neues wagen, bringen im Leben eines jeden Menschen Veränderungen mit sich.

Wenn Kinder aus ihren ersten Kinderschuhen herausgewachsen sind und einem neuen Lebens- und Erfahrungsraum entgegenstreben, sehen Eltern dieser Situation meistens mit gemischten Gefühlen entgegen, denn der erste Loslösungsprozess ist für alle Beteiligten nicht leicht zu verkraften. Die bange Frage der Erwachsenen, wie wird es dem Kind ohne uns ergehen, und die Frage des Kindes, wie wird es mir ergehen, sind ernst zu nehmende Lebensfragen.

Die positiven und negativen Erfahrungen, die Kinder bei diesem bedeutenden Einschnitt in ihrem Leben machen, haben Einfluss auf den weiteren Lebensweg. Deshalb ist die Zeit des Neubeginns und des Abschieds für die Arbeit im Kindergarten ein wichtiger Höhepunkt. Kinder und Eltern brauchen schon Wochen vor dem Übergang in den Kindergarten bzw. vor dem Übergang in die Schule Partner, die sie verstehen und ermutigen.

Aber es gilt auch zurückzuschauen auf eine Wegstrecke, die man mit den Kindern und Eltern gemeinsam gegangen ist. Zurückschauen heißt loslassen, aber auch zugleich, sich und seine Arbeit in Frage zu stellen. Wer dazu in der Lage ist, bringt in sich etwas in Bewegung und ist offen für einen lebendigen Neubeginn, mit neuen Kindern, neuen Eltern und neuen Impulsen.

Das vorliegende Buch ist in zwei Teile gegliedert. Im ersten Teil wird Bezug zum Thema „Abschied" und im zweiten Teil zum Thema „Neubeginn" genommen. In Berichten, Spielen, Bastelangeboten, Gedichten, Geschichten, biblischen Nacherzählungen und Familiengottesdiensten finden Sie Impulse, die als Ausgangsbasis und zum Reflektieren der eigenen Praxis dienen und durch Möglichkeiten vor Ort ergänzt und umgesetzt werden können. Dabei führt Sie das Wegsymbol mit seiner großen Aussagekraft auf vielfältige Weise durch das Buch.

Die gute Resonanz auf meine Bücher hat mir gezeigt, dass die Erfahrungsberichte aus der Praxis, insbesondere Berichte zur Elternarbeit, sehr hilfreich und motivierend sind. Dem habe ich auch in diesem Buch Rechnung getragen.

Die meditativen Einstimmungen von Herrn Longardt und die von ihm eigens für dieses Buch komponierten und getexteten Lieder sprechen in ganz besonders sensibler Weise die Gefühlswelt der Kinder an. Sie sind für die Arbeit im Kindergarten, der Gemeinde und der Grundschule gleichermaßen einsetzbar. Ich danke ihm für diese wertvolle Mitarbeit.

Ganz herzlich bedanke ich mich auch bei der Lektorin des Verlages, Frau Renate Schupp. Durch ihre kompetente Beratung hat das Buch diese Gestalt erhalten.

Ilse Jüntschke

Abschied – Neue Wege gehen

Ideenbörse

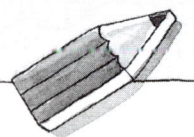

Rollenspiele

* Timo kommt in die Schule
  S. 22
* Die kleine Raupe S. 24
* Die drei kleinen
  Hühnchen S. 26

Gemeinsam feiern

* Familiengottesdienst S. 30
* Abschiedsfest S. 34
* Schlaf-Fest S. 40
* Meditativer Elternabend
  S. 42
* Rückblick und Ausblick
  S. 46

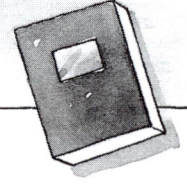

Zum Vorlesen

* Die Heckentür S. 49
* Das verlorene Schaf S. 54
* Wie Kai einen Riesen sah
  S. 56
* Auch die Großen S. 58
* Vom Staunen S. 59
* Der Katzenranzen S. 60
* Nichts als Ärger S. 61

Staunen und Begreifen

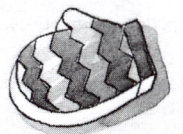

* Die schwimmende
  Papierblüte S. 18
* Was meine Hände tun
  können S. 19

Basteln

* Dinosaurier S. 15
* Fantasiefiguren S. 15
* Kreativspielkasten S. 16

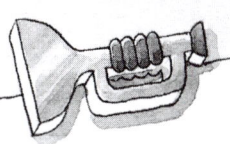

Lieder

* Ich möcht, dass einer mit
  mir geht S. 11
* Tief im Innern S. 13
* Ich freue mich und
  springe S. 21
* Geht nun in Frieden S. 33
* Ein gedeckter Tisch S. 37
* Hei, ich darf zur Schule
  gehn S. 38
* Ich kann schon ganz viel
  allein S. 39
* Die Sterne stehn hoch S. 42
* Mal deinen Weg S. 44
* Gib uns Augen S. 48

Vor einer neuen Wegstrecke

Du unbekannter Weg,
heut mache ich die ersten Schritte auf dir.
Du neuer Weg, den ich wagen will,
ob mein Mut dafür ausreichen wird?
Die erste Wegstrecke kann ich noch klar erkennen,
aber welche Hindernisse, welche Mühen kommen dann?

Du unbekannter Weg,
deinetwegen lasse ich Vergangenes zurück.
Doch manches, was mir kostbar ist, das nehme ich mit;
es redet zu mir und stärkt mich.
Erinnerungsstücke können trösten –
Sichtbares, an das ich mich halten kann.

Aber auch unsichtbare Dinge gehen mit mir,
innere Bilder, die ich pflege und bewahre,
Bilder von Wärme und Geborgenheit,
Lieder, die ich singen kann,
Geschichten, die ich im Herzen trage,
Gebete, deren Worte mir Halt geben.
Du unbekannter, neuer Weg:
So gehe ich wohl gerüstet und voller Zuversicht.

Menschen, die ich mag, bleiben zurück,
aber ihre guten Gedanken,
ihre Wünsche und Gebete gehen mit mir.

Du unbekannter Weg, ich komme.
Was werde ich auf dir finden?
Werde ich umkehren, zurückgehen?
Nein, den neuen Weg will ich wagen.

Einmal, in Jahren
werde ich auch auf diese Wegstrecke zurückschauen.
Ich wünsche mir, dass ich dann sagen kann:
Genau dies war *mein* Weg!

　　Wolfgang Longardt

Ich möcht, dass einer mit mir geht,
der auch im Schweren zu mir steht,
der in den dunklen Stunden mir verbunden.
Ich wart', dass einer mit mir geht.

Es heißt, dass einer mit mir geht,
der's Leben kennt, der mich versteht,
der mich zu allen Zeiten kann geleiten.
Es heißt, dass einer mit mir geht!

Sie nennen ihn den Herren Christ,
der durch den Tod gegangen ist;
er will durch Leid und Freuden mich geleiten.
Ich möcht, dass einer mit mir geht!

Text und Melodie: H. Köbler
Aus: „Neue Geistliche Lieder", BE 285. Alle Rechte im Gustav Bosse Verlag, Regensburg

Was die anderen erzählen

Eine Erzieherin berichtet

Gestern war für Lea und alle anderen Kinder des Kindergartens ein großer Tag: Lea zieht mit ihren Eltern in eine andere Stadt und deshalb feierten wir Abschied von ihr.

„In der neuen Wohnung bekomme ich ein eigenes Zimmer", hatte Lea schon Wochen vorher erzählt. „Und ich darf mir die Tapete selber aussuchen. Sie soll ganz bunt sein!"

Den ganzen Vormittag stand Lea im Mittelpunkt und alles – oder zumindest fast alles – geschah nach ihren Wünschen. Zum Frühstück saßen wir gemeinsam an einer festlich geschmückten Tafel und aßen Waffeln. Wir sangen ihr Lieblingslied und spielten anschließend ihr Lieblingsspiel.

Eine halbe Stunde vor dem Kindergartenabschluss überreichten wir Lea ein Abschieds-Überraschungsgeschenk, eine große Papprolle. Die Kinder drängelten dicht heran und schauten neugierig und voller Spannung auf Lea, die mit roten Backen die Rolle auspackte. Heraus kam eine Tapete, eine ganz besondere Tapete.

Lea rollte sie auf. Den ganzen Fußboden füllte sie aus. Jedes Kind hatte sich mit dem Abdruck seiner Hände darauf verewigt. Es waren ganz besondere Abdrücke, denn die Handflächen waren ausgemalt mit Gesichtern, Blumen, Sternen und sogar einem Osterhasen. Unter jedem Händepaar stand gut lesbar der Name des betreffenden Kindes.

„Damit du uns nicht vergisst!", sagte Tomi.

Außer „Oh"! sagte Lea zunächst nichts. Doch dann atmete sie tief durch und meinte: „Das wird ein schönes Zimmer!"

Gemeinsam mit Leas Eltern, die schon zum Abholen erschienen waren, fassten wir uns an und bildeten einen großen Abschiedskreis. Unser Lied, dass wir schon seit geraumer Zeit zum Abschied für die künftigen Schulanfänger geübt hatten, sangen wir nun ganz allein für Lea: „Tief im Innern, tief im Innern, da bleibt vieles zum Erinnern."

Tief im In-nern, tief im In-nern da bleibt vie-les zum Er-in-nern, was in die-sen bun-ten Jah-ren al-les wir er-fah-ren ha-ben, aus Kin-der-gar-ten-ta-gen mit Dank im Her-zen tra-gen!

Manch Geschichte und Gedichte,
viele leckere Gerichte,
die in diesen bunten Jahren
wir genossen und erfahren, –
aus Kindergartentagen mit Dank im Herzen tragen.

Doch das Beste: uns're Feste
und so viele frohe Gäste,
die in diesen bunten Jahren
wir genossen und erfahren, –
aus Kindergartentagen mit Dank im Herzen tragen.

Text und Melodie: Wolfgang Longardt
© Verlag Ernst Kaufmann, Lahr

Wir basteln und spielen

Grundfähigkeiten zu und Freude an gestalterischen Aktivitäten sind bei fast allen Kindern vorhanden. Als Gegengewicht zu der Flut der ständig wachsenden alltäglichen Reize und der Hektik des Alltags ist das schöpferische Arbeiten mit Kindern von besonderem Wert. Deshalb sollten im Kindergarten und in der Grundschule Situationen geschaffen werden, in denen die Kinder in angemessener Form kreativ tätig sein können.

Zur Förderung der schöpferischen Fähigkeiten benötigen sie dem Alter entsprechend Materialien, mit denen sie unter Anleitung, aber auch selbstständig experimentieren können. Durch den Umgang mit den unterschiedlichsten Materialien kann das Kind sich mit seiner Umwelt differenzierter auseinander setzen. Schon das spielerische Umgehen mit selbst gewählten Materialien aus dem unmittelbaren Lebensbereich oder aus der Natur geben dem Kind im Kreislauf des Jahres immer wieder Anlässe zur Entfaltung seiner Fantasie und weckt schöpferische Kräfte. Die Freude über einen selbst hergestellten Gegenstand und an Farben und Formen wird jedes Kind zu weiterer gestaltender Tätigkeit anregen.

Leider gibt es auch manchmal Misserfolge. Sie wiegen doppelt schwer, wenn das Kind zusätzlich noch von den Spielgefährten ausgelacht wird. Hier ist es wichtig, dass die Erzieherin dem Kind behutsam einen Neuanfang ermöglicht und es durch Mut machendes Lob motiviert.

Die folgenden Bastelvorschläge machen Spaß und lassen den Kindern Freiheit, etwas wirklich Eigenes zu machen.

Ein Dinosaurier auf Wanderschaft

Für alle „Dino-Fans" hier einige Anregungen ohne genaue Bastelangabe.

Tonpapier in den Lieblingsfarben der Kinder, *Material*
Schere, Stifte und Uhu.

Die Abbildung der Dinos soll die Fantasie der Kinder anregen. Für Kinder, die Lust auf eine Dino-Familie haben, dient die Abbildung der Dino-Mutter mit ihrem Sprössling.

Fantasiefiguren

Schachteln   (als Körper)
Karton   (für Arme und Beine)
Pappstreifen   (zur Verbindung der Gliedmaßen
                          mit dem Körper)
Korken   (für den Kopf und als Fußstütze)
Buntstifte und Filzstifte (zum Verzieren)
Schere und Uhu

Aus großem stabilem Material könnten auch „Roboter" gebastelt werden.

Ein Kreativspielkasten für Weggeschichten

Alle Kinder hören Erzählungen, Märchen und biblische Geschichten, in denen es um Aufbruch, Unterwegssein und Heimkehr geht, besonders gern. Unbewusst ziehen sie daraus die notwendigen Ermutigungen für ihren eigenen Lebensweg. Dabei wollen Kinder das Gehörte mit allen Sinnen wahrnehmen und immer dann, wenn es sie selber danach drängt, verarbeiten. Unsere Aufgabe ist es, durch geeignete Angebote Bedingungen zu schaffen, dass Kinder Erzählungen, Märchen und biblische Geschichten verinnerlichen und durchleben können.

Im Bereich des Spielens und des selber Agierens sind dem Kind in der Regel große Erlebnischancen gegeben. Als Ergänzung zu den bekannten und erprobten Methoden möchte ich die Leser/innen mit einem Kreativspielkasten (Idee aus: Arbeitsfeld Kinderkirche) bekannt machen. Er ist variabel einsetzbar und dient als Theaterkulisse für verschiedene Veranstaltungen genauso gut wie zum fantasiereichen Spielen alleine oder in Gemeinschaft.

Einige der Geschichten, die Sie im Erzählteil dieses Kapitels (ab Seite 49) finden, eignen sich gut zum Nachspielen im Kreativspielkasten.

Einen großen Verpackungskarton mit einem Teppichmesser auf die gewünschte und für die Rollenspiele geeignete Größe zurechtschneiden. Den Karton mit blauer Plastikfolie (symbolisch für Wasser) auskleben. So wird der Karton vor Feuchtigkeit geschützt.

Die Landschaft mit großen und kleinen Steinen, Moos, Zweigen und anderen Naturmaterialien gestalten. Aus Holzbauklötzen entstehen Häuser, Türme und Kirchen. In den Spielzeugkisten finden sich sicherlich Tiere und Figuren aus Holz, die in den Kasten eingesetzt werden können. Kinder, die gerne basteln, können Figuren und Tiere auch aus Knetmasse formen, aus Wolle binden oder aus Tonpapier herstellen.

Der Kreativspielkasten sollte mit seinen wiederverwendbaren Materialien so aufbewahrt werden, dass die Kinder ihn bei jeder Gelegenheit benutzen können.

Laden Sie bastelfreudige Väter zur Herstellung dieses Kastens ein. Sie werden erstaunt sein, mit welchem Eifer und Ideenreichtum Väter bei solchen Gelegenheiten zu Werke gehen.

Anregung

Wir staunen und begreifen

Die schwimmende Papierblüte

Als Erinnerung an das einprägsame Naturerlebnis der schlafenden Blumen auf unserer Abendwanderung (Seite 40) basteln wir Papierblüten, mit denen wir den Vorgang in der Natur symbolisch nachahmen.

Material farbiges Tonpapier
Schablone für eine Blüte
Schere, Bleistift, wasserfester Stift
eine große Schüssel mit Wasser

Durchführung Auf dünnem farbigem Tonpapier zeichnen wir mittels einer Schablone eine Blüte auf und schneiden sie sehr exakt aus (siehe Skizze).
In die Mitte der Blüte schreiben wir mit einem wasserfesten Stift den Namen des Kindes.
Danach die einzelnen Blütenblätter der Reihe nach bis zur Mitte hin falten.
Diese zusammengefaltete (schlafende) Blüte in eine Schüssel mit kaltem Wasser setzen. Nach kurzer Zeit öffnet sich die Blüte und der Name des Kindes wird lesbar.

Wir sitzen in Kreisform auf dem Teppich. In der Kreismitte steht eine große Schüssel mit Wasser. Die Erzieherin spricht mit ruhiger Stimme und mit Pausen zwischen den einzelnen Sätzen:

Vorschlag für eine Meditation

- Wir schließen für einen Augenblick unsere Augen und lassen Bilder in uns wach werden.
- Wir erinnern uns an die Abendwanderung.
- Rings um uns herum ist es still.
- Wir vernehmen keinen Vogellaut, nur unser eigenes Atmen.
- Wir nehmen diese Stille in uns auf.
- Wir gehen den Weg entlang.
- Wir sehen Blumen. Sie schlafen und halten ihre Blüten geschlossen.
- Wir bleiben vor den Blumen stehen und bewundern sie.
- Wir öffnen unsere Augen wieder.

Pause

- Ich gebe jetzt jedem von euch eine schlafende Blüte in die Hand.
- Legt der Reihe nach ganz behutsam eure Blüte auf das Wasser!
- Nun beobachtet eure Blüte ganz genau!

Ein Blütenblatt nach dem anderen öffnet sich. Die Kinder schauen gebannt auf das Wasser. Als die Blüten geöffnet auf dem Wasser liegen, erkennen die Kinder ihre Namen. Vorsichtig nimmt nun jedes Kind seine Blüte aus dem Wasser heraus und legt sie zum Trocknen auf ein Tuch.
Zum Abschluss singen wir „Du hast uns deine Welt geschenkt" von Rolf Krenzer und Detlev Jöcker (aus: Heut ist ein Tag, an dem ich singen kann. Menschenkinder Verlag, Münster). Um das Thema „Staunen" abzurunden, können wir auch die Geschichte von Rolf Krenzer „Vom Staunen" vorlesen (Seite 59).

Was meine Hände tun können

Es ist wichtig, dass wir die Kinder gerade jetzt in der Situation zwischen Abschied und Neubeginn immer wieder darin bestätigen, was sie schon alles können. Sie sollen sich ihrer Fähigkeiten bewusst werden, sich darüber freuen und stolz darauf sein.

Wozu wir die Hände brauchen, was wir alles nicht tun könnten, wenn wir nur eine Hand hätten, wie wir mit Händen reden können – solche Erkenntnisse sollen im nachfolgenden Beispiel mit Gesprächsprotokoll spielerisch bewusst gemacht werden.
Die Kinder und die Erzieherin sitzen im Kreis.

Erzieherin:	Habt ihr schon einmal darüber nachgedacht, wozu wir unsere Hände brauchen?
Kinder:	*spontan* Zum Malen, Basteln, Essen, Bauen, Puzzeln! usw.
Erzieherin:	Hände können lieb sein.
Kinder:	Streicheln, umarmen, jemanden an der Hand nehmen.
Erzieherin:	Hände können der Mutter helfen.
Kinder:	Tisch decken, etwas halten, tragen, aufräumen.
Erzieherin:	Hände können aber auch böse sein!
Kinder:	Schlagen, kratzen, kneifen, Sachen kaputt machen.
Erzieherin:	Stellt euch vor, wir hätten nur eine Hand. Da könnten wir vieles nicht tun.
Kinder:	*nachdenklich – nach einer Pause* Anziehen, Mama drücken, schaukeln, klettern.
Erzieherin:	Fasst euch bitte an und bildet einen Kreis!
Ein Kind:	Das könnten wir mit einer Hand auch nicht!
Erzieherin:	Jetzt schaut genau her: Meine Hände möchten euch etwas sagen.
Kinder:	Hände können doch gar nicht sprechen!
Erzieherin:	Lasst es uns versuchen. *Durch eindeutige Bewegungen der Hände gibt die Erzieherin den Kindern verschiedene Signale wie z. B. „Setz dich zu mir!", „Geh wieder fort!", „Ich winke euch zu!"*
Kinder:	*begeistert* Unsere Hände wollen auch sprechen!
Ein Kind:	*zeigt mit seinem Zeigefinger auf seinen Mund und die geschlossenen Lippen. Alle verstehen, was das bedeutet, und verstummen.*
Erzieherin:	Schließt einmal eure Augen! Ich gehe herum und lege euch etwas in eure geöffneten Hände. Lasst die Augen geschlossen und ertastet das, was ihr in den Händen haltet. Das Kind, das ich antippe, nennt seinen ertasteten Gegenstand. *Die Kinder halten ihre Augen geschlossen und befühlen den Gegenstand in ihrer Hand. Einzelne*

> *Kinder dürfen den Namen des Gegenstandes laut sagen.*

Erzieherin: Öffnet jetzt eure Augen und prüft, ob ihr den Gegenstand durch das Tasten mit den Fingern erraten habt.

Das folgende Lied ist nicht nur ein guter Abschluss zu unserer Einheit, sondern gibt auch Impulse, über andere wichtige Körperteile nachzudenken.

Refrain:

Ich freu - e mich und sprin - ge und

sin - ge: Gott sei Dank! Ich

freu - e mich und sprin - ge und sing den Tag ent-

lang! *Verse:* Ich ha - be Hän - de,
Fü - ße,
Oh - ren,

ich bin ge - sund, kann da - mit

spie - len so man - che Stund.

Text und Melodie: Wolfgang Longardt
Aus: W. Longardt „Spielbuch Religion", Verlag Ernst Kaufmann, Lahr

Spielszenen für das Abschiedsfest

Timo kommt in die Schule

Nach der gleichnamigen Geschichte von Renate Schupp. Die Rollen werden von Mitarbeiterinnen gespielt.

Als Vorspiel erklingt eine fröhliche Kindermelodie.

Erzählerin:	Morgen kommt Timo in die Schule. Er ist schon sehr aufgeregt. Seht nur, wie beschäftigt er ist! Schon den ganzen Vormittag packt er seine Hefte und Bücher aus und ein. *Ein Vorhang wird zur Seite geschoben. Dahinter ist Timos Kinderzimmer zu sehen. Timo steht am Tisch und besieht seine neuen Schulsachen. Er schlägt das Lesebuch auf.*
Timo:	Oh, so viele Buchstaben, ob ich die alle lernen muss? *Danach nimmt er die Farbstifte in die Hand und zählt:* Eins, zwei, drei, vier, fünf. Zählen kann ich ja schon! *Nun nimmt er seine gelbe Mütze vom Tisch und stülpt sie auf den Kopf. Dann setzt er sich auf einen Stuhl und stützt den Kopf in die Hände. Da kommt die Großmutter ins Zimmer.*
Großmutter:	Nanu, was ist los mir dir, Timo? *Sie setzt sich neben ihn.* Warum ziehst du deine Stirn so in Falten?
Timo:	*seufzt hörbar* Oma, wenn ich nun morgen nicht rechtzeitig aufwache?
Großmutter:	Aber Timo! Deine Mama weckt dich bestimmt!
Timo:	Und wenn sie verschläft?
Großmutter:	Das hat sie in ihrem ganzen Leben noch nicht!
Timo:	Wenn es aber regnet und meine neue Mütze *zeigt auf die Mütze* und mein neuer Ranzen nass werden?
Großmutter:	Die Sonne scheint heute so schön, die scheint auch morgen noch!

22

Timo:	Aber wenn es doch regnet und meine Schultüte nass wird?
Großmutter:	*lacht herzlich*
	Dann fährt euch dein Papa mit dem Auto zur Schule.
Timo:	*nickt und sagt eine Weile nichts.*
	Wenn mich aber in der Pause die großen Jungen schubsen? Was dann?
	Timos große Schwester kommt herein und hört gerade noch Timos letzte Frage.
Britta:	Ha, dann sollst du mal sehen, wie ich angesaust komme und sie ausschimpfe.
Timo:	*steht auf und nimmt das Lesebuch in die Hand*
	Und die vielen Buchstaben, wenn ich nun die Buchstaben nicht lerne?
Britta:	Aber Timo, davor brauchst du keine Angst zu haben, es wird immer jemand da sein, der dir hilft.
Timo:	Immer? Wirklich immer?
Großmutter:	Immer!
	Sie steht auf und nimmt Timo fest in den Arm.
	Immer! Das verspreche ich dir!
Kinder:	*singen*
	„Hei, ich darf zur Schule gehn" (Seite 38)

Mama, hast du vor dem ersten Schultag auch Angst gehabt?

DARF MAN DA AUCH SPIELEN?

Ich freue mich auf die Schule, denn der Kindergarten ist doch Babykram.

MAMA DARF NUR ZWEI, DREI MAL MITGEHEN - DANN GEHE ICH ALLEINE, WEIL ICH JETZT ZU DEN GROSSEN GEHÖRE

Die kleine Raupe

Nach der gleichnamigen russischen Geschichte.

Es spielen mit: eine *Erzählerin* und fünf Spieler(innen): *Raupe, Kohlkopf, Stachelbeerstrauch, Radieschen und Schmetterling*

Erzählerin: Es war einmal eine kleine Raupe. Weil sie so wenig beachtet wurde, begann sie eines Tages beim Umherkriechen im Gemüsegarten immerfort vor sich hinzusagen:

Raupe: Was aus mir noch einmal wird! Was aus mir noch einmal wird! Was...

Erzählerin: Dann kroch sie weiter, fraß mal hier und mal dort, drehte ihren Kopf mal nach links und mal nach rechts. Und wieder sagte sie:

Raupe: Was aus mir noch einmal wird! Was aus mir noch einmal wird!

Erzählerin: So kam sie in die Nähe des Kohlkopfes. Rund und dick stand er da im hellen Sonnenschein. Sehr erhaben schaute er auf die kleine Raupe herab und fragte:

Kohlkopf: Wer bist denn du?

Erzählerin: Doch die kleine Raupe kroch einfach weiter, immer weiter und sagte vor sich hin:

Raupe: Was aus mir noch einmal wird! Was aus mir noch einmal wird!

Erzählerin: Da kam sie allmählich auch in die Nähe des Stachelbeerstrauches. Der wunderte sich sehr und fragte spitz, wie es seine Art nun einmal ist:

Strauch: Wer bist denn du?

Erzählerin: Auch ihm gab die Raupe keine Antwort. Sie kroch weiter und sagte nur:

Raupe: Was aus mir noch einmal wird! Was aus mir noch einmal wird!

Erzählerin: Zuletzt kam die kleine Raupe zum Radieschen. Es hatte die Raupe schon kommen sehen und fragte freundlich:

Radieschen: Wer bist denn du?

Erzählerin: Die Raupe tat so, als höre sie nicht und kroch unermüdlich weiter. Dabei sagte sie immer wieder das Gleiche:

Raupe:	Was aus mir noch einmal wird! Was aus mir noch einmal wird!
Erzählerin:	Eines Tages, als die Sonne besonders warm schien, kroch die kleine Raupe auf den Gartenzaun. Dort wickelte sie sich ein und blieb liegen. Es sah aus, als läge sie in einem weißen Bett und schliefe ganz fest, so still lag sie da. Da sagte der Kohlkopf ganz erhaben:
Kohlkopf:	Seht, nun ist es aus mit ihr!
Erzählerin:	Auch der Stachelbeerstrauch sagte spitz, so wie es seine Art ist:
Strauch:	Ja, nun ist es aus mit ihr!
Erzählerin:	Zuletzt sprach auch das Radieschen und es klang beinahe etwas mitleidig:
Radieschen:	Nun ist es aus mit ihr.
Erzählerin:	Die Raupe aber rührte sich nicht und keiner kümmerte sich mehr um sie. Doch eines Tages geschah etwas Sonderbares! Aus dem weißen, runden Bett kroch ein bunter, ein wunderschöner Schmetterling. Er flatterte vom Wind getragen durch den Gemüsegarten. Jetzt musste der runde Kohlkopf nach oben schauen, als er verwundert fragte:
Kohlkopf:	Wer bist denn du?
Erzählerin:	Der bunte Schmetterling antwortete nicht. Er flog beschwingt hin und her.
Erzählerin:	Da wurde auch der Stachelbeerstrauch neugierig. Und spitz, wie es seine Art ist, fragte er den kleinen, bunten Schmetterling:
Strauch:	Wer bist denn du?
Erzählerin:	Doch ohne zu antworten, flatterte der kleine Schmetterling glücklich weiter. Als er sich dem Radieschen näherte, da fragte es freundlich:
Radieschen:	Wer bist denn du?
Erzählerin:	Da setzte der Schmetterling sich zum Radieschen und antwortete so, dass es alle hören konnten:
Schmetterling:	Kennt ihr mich nicht mehr?
Alle:	Nein! Woher? Wir sahen dich noch nie!
Schmetterling:	Ich war früher die kleine Raupe!
Alle:	Was, die kleine Raupe?
Erzählerin:	Da sprach der große, dicke Kohlkopf:

Kohlkopf:	Warum hast du uns denn *das* nicht früher gesagt?
Schmetterling:	Pah! Dann hätte ich ja kein Geheimnis gehabt!
Erzählerin:	Froh und heiter flog der Schmetterling nun davon.

Durch Orffsche Instrumente kann die Bewegung der Raupe, das Sprechen im Gemüsegarten, und das Flattern des Schmetterlings belebt werden.

Die drei kleinen Hühnchen

Nach dem gleichnamigen Märchen von Vilma Mönckeberg

Dieses Spiel eignet sich zum Abschied aus dem Kindergarten oder zum Schulanfang. Es werden eine Instrumentalgruppe, eine *Erzählerin* und sieben Spieler(innen) benötigt: *Huhn und Hahn als Eltern, weißes Huhn, schwarzes Huhn, rotes Huhn, Fee und Wolf.*

Erzählerin:	Es waren einmal drei Hühnchen, ein weißes, ein schwarzes und ein rotes. Eines Tages riefen die Eltern ihre Kinder heran und sagten:
Hahn:	Lange genug haben wir euch behütet und das Futter mit euch geteilt. Nun seid ihr groß genug, um selbst für euch zu sorgen.
Huhn:	Ja, es wird Zeit, dass ihr euch in der Welt um-schaut und eine eigene Familie gründet!
Erzählerin:	Die Hühnchen erschraken sehr und jammerten laut. Keines wollte von zu Hause fort.

Weißes Huhn:	Was sollen wir nur machen?
Schwarzes Huhn:	Eine neue Heimat suchen.
Rotes Huhn:	Dann wollen wir gemeinsam losziehen.

Mit Orffschen Instrumenten Schritte nachahmen.

Der nachfolgend benötigte Steinhaufen könnte aus verschiedenen Kartons zusammengestellt werden.

Erzählerin:	Nachdem sie eine Zeit lang gewandert waren, entdeckten sie einen großen Steinhaufen. Der kam ihnen gerade recht. Ein jedes ließ sich müde nieder. Nach einer Weile sagten sie zueinander:
Alle 3 Hühner:	Wollen wir uns mit diesen Steinen eine kleine Hütte bauen?
Erzählerin:	Gesagt, getan. Die drei machten sich sogleich an die Arbeit.

Diese Arbeit wird wieder musikalisch untermalt, evtl. mit der Melodie „Wer will fleißige Handwerker sehn?"

Als die Hütte fertig war, sagte das rote Hühnchen:

Rotes Huhn:	Ich will versuchen, ob die Tür gut schließt.
Erzählerin:	Das rote Hühnchen ging in die Hütte und schloss von innen zu. Dann rief es:
Rotes Huhn:	Geht nun fort, das ist meine Hütte!
Erzählerin:	So sehr die beiden anderen auch klopften und bettelten, das rote Hühnchen schloss nicht auf. Enttäuscht zogen das weiße und das schwarze weiter.

Begleitung durch die Instrumentalgruppe.

Nach einer kurzen Wegstrecke entdeckten sie einen anderen Steinhaufen. Sie freuten sich und sagten:

Beide Hühner:	Wollen wir uns eine kleine Hütte bauen?
Erzählerin:	Gesagt, getan. Die beiden Hühnchen machten sich sogleich an die Arbeit.

Die Instrumentalgruppe spielt wieder „Wer will fleißige Handwerker sehn?".

Als die Hütte fertig war, sagte das schwarze Hühnchen:

Schwarzes Huhn:	Ich will mal nachsehen, ob die Tür gut schließt.
Erzählerin:	Das schwarze Hühnchen ging hinein, schloss die Tür und öffnete sie dem weißen Hühnchen nicht. Das arme weiße Hühnchen war nun ganz allein. Es lief davon und fand nirgends ein Ruheplätzchen. Als es dunkel wurde, hielt es an und weinte bitterlich.
Weißes Huhn:	Ach, was soll aus mir nun werden?
Erzählerin:	Da bemerkte es eine schöne Frau, die freundlich zu ihm sprach:
Fee:	Warum weinst du so sehr?
Erzählerin:	Das kleine Hühnchen erzählte, was geschehen war. Da antwortete die schöne Fee:
Fee:	Weine nicht länger, du wirst eine schönere Hütte bekommen als deine Schwestern. Aber höre zu, was ich dir sage, und behalte es gut. Wenn jemand an die Tür klopft, so darfst du nicht öffnen, denn es könnte der Wolf sein.
Erzählerin:	Das weiße Hühnchen hörte gut zu und versprach, den Rat zu befolgen. In diesem Moment verschwand die gütige Fee wieder. An ihrer Stelle aber stand ein wunderschönes Schloss. Das weiße Hühnchen ging hinein, schloss die Türe gut zu und legte sich zur Ruh. *Die Instrumentalgruppe spielt leise Schlafmusik.*
Erzählerin:	Tags darauf kam der Wolf zur Hütte des roten Hühnchens und sagte zu ihm:
Wolf:	Mach mir auf!
Rotes Huhn:	Nein, nein! Du bist der Wolf!
Wolf:	Ich werde trampeln und trampeln, bis deine Hütte einbricht. *Mit einer Trommel untermalen.*
Rotes Huhn:	Du magst trampeln und trampeln, meine Hütte wird nicht einbrechen.
Erzählerin:	Der Wolf trampelte und trampelte. Da brach die Hütte ein. *Verschiedene Instrumente unterstreichen das Einbrechen.* Dann ging der Wolf zur Hütte des schwarzen Hühnchens.

Wolf:	Kleines Hühnchen mach mir auf!
Schwarzes Huhn:	Nein, nein! Du bist der Wolf!
Wolf:	Ich werde trampeln und trampeln, bis die Hütte einbricht. *Mit Trommeln untermalen.*
Schwarzes Huhn:	Du magst trampeln und trampeln, meine Hütte wird nicht einbrechen.
Erzählerin:	Der Wolf trampelte und trampelte. Da brach die Hütte ein. *Instrumente unterstreichen das Einbrechen.* Nun ging der Wolf zum Schlösschen des weißen Hühnchens.
Wolf:	Kleines Hühnchen mach mir auf!
Weißes Huhn:	Nein, nein! Du bist der Wolf!
Wolf:	Ich werde trampeln und trampeln, bis dein Schlösschen einbricht. *Mit Trommeln untermalen.*
Weißes Huhn:	Du magst trampeln und trampeln, mein Schlösschen wird nicht einbrechen.
Erzählerin:	Der Wolf trampelte und trampelte, aber das Schlösschen brach nicht ein. Wütend lief der Wolf in die Welt hinaus und kam nie mehr zurück. Das weiße Hühnchen aber lebte von nun an sicher und zufrieden in seinem Schlösschen.

Gemeinsam feiern

Jeder ist viel wert – Familiengottesdienst zum Abschied aus dem Kindergarten

Vorbereitung Die Vorbereitung zu diesem Gottesdienst wurde von verschiedenen Gruppen in der Gemeinde mitgetragen. Das Spiel „Der Lahme und die Schnecken" übte ein Vater in Eigenregie zusammen mit Konfirmanden ein.

Das Thema „Was ich schon alles kann" beherrschte schon Wochen vor dem Gottesdienst das Alltagsgeschehen im Kindergarten. Einige Kinder malten dem Thema entsprechend und nach ihren eigenen Vorstellungen Bilder.

Verlauf des Gottesdienstes

Orgelvorspiel

Lied Kindergartenkinder: „Ich freue mich und springe" (Seite 21)

Begrüßung Pfarrer: Bezugnahme auf das Thema „Jeder ist viel wert"

Gemeindelied „Geh aus mein Herz und suche Freud", EG 503, Verse 1–3

Rollenspiel Der Lahme und die Schnecken (nach der Geschichte „Der Lahme", Verfasser unbekannt)

Szenenbild:	Ein Weg, am Wegesrand eine Bank
Erzählerin:	An einem warmen Sommertag kam ein Mann daher. Er ging an zwei Krücken und bewegte sich nur sehr langsam voran. Immer wieder blieb er stehen und ruhte sich aus. Da entdeckte er am Wegesrand zwei Schnecken.
Der Lahme:	He, ihr beiden, wohin des Weges?
	Die Schnecken sehen sich verwundert um.
Beide Schnecken:	Nanu, wer spricht mit uns?
Der Lahme:	Ich!
	Die Schnecken erblicken den Mann mit den Krücken.

30

1. Schnecke:	Ach du bist es, ich grüße dich!
2. Schnecke:	Dich sahen wir schon oft an uns vorübergehen.
Der Lahme:	So, so, ihr saht mich schon oft. *Pause* Immer bin ich allein. Lasst uns doch gemeinsam wandern. Wir drei passen gut zusammen.
Beide Schnecken:	Wie meinst du das: Wir passen gut zusammen?
Der Lahme:	Na, ihr mit eurem Kriechfuß und ich mit meinen Krücken. Wir taugen doch zu nichts.
1. Schnecke:	*empört* Was soll das heißen?
2. Schnecke:	Warum sollen wir nichts taugen?
Der Lahme:	Weil ich lahm bin und weil ihr auch kaum vorankommt.
1. Schnecke:	Ach, und du denkst, man ist nur was wert, wenn man schnell laufen kann?
2. Schnecke:	Pah, dann müsste ja der Tausendfüßler ein unheimlich nützliches Tier sein. Aber so viel ich weiß, nennt ihr Menschen ihn einen Schädling.
Der Lahme:	So habe ich es nicht gemeint. Aber einen Lahmen wie mich kann niemand gebrauchen, das könnt ihr mir glauben. *Der Lahme setzt sich auf die Bank, die am Wegrand steht.*
Beide Schnecken:	Na ja, als Schnellläufer scheinst du wirklich nicht geeignet.
Der Lahme:	Na bitte! *Die Schnecken setzen sich zu dem Lahmen auf die Bank.*
1. Schnecke:	Aber vielleicht taugst zu zum Erzählen von Geschichten.
2. Schnecke:	Vielleicht kannst du bunte Bilder malen.
1. Schnecke:	Oder traurige Kinder trösten.
2. Schnecke:	Oder zerbrochenes Spielzeug reparieren.
1. Schnecke:	Oder Flöte spielen.
2. Schnecke:	Oder ein Lied singen.
Der Lahme:	*Lachend* Hört auf! *Er guckt die Schnecken bewundernd an.* Also, was euch so alles einfällt! *Pause* Bisher habe ich immer nur daran gedacht, wie schlimm es ist, dass ich nicht recht laufen kann. Den ganzen Tag denke ich an nichts anderes.

Doch was ich *kann*, das habe ich mir noch gar nicht überlegt.

Beide
Schnecken: Wir fragen uns manchmal auch, warum ausgerechnet wir so langsam sind.

1. Schnecke: Manchmal möchte ich ein Adler sein.

2. Schnecke: Und ich ein Schmetterling.

Der Lahme: Aber ihr seid doch ganz besondere Tiere.

Beide
Schnecken: Wieso?

Der Lahme: Weil ihr euer Haus stets bei euch tragt und immer dann, wenn ihr müde seid, euch in euer Haus zurückziehen und ruhen könnt.

Beide
Schnecken: Stimmt, das hat Gott gut bedacht. *Sie stehen auf.*

Der Lahme: Wo wollt ihr hin?

Beide
Schnecken: Das tun, was du gerade gesagt hast, uns in unser Haus zurückziehen und ein wenig ruhen. Leb wohl!

Der Lahme: Lebt wohl! Ich danke euch, ihr habt mir Mut gemacht. *Er bleibt mit gesenktem Kopf sitzen. Dann betet er laut.* Gott, ich bin nicht so wie gesunde Menschen, ich kann weder laufen noch springen. Das macht mich sehr traurig. Guter Gott, hilf mir aus dieser Traurigkeit heraus und zeig mir den Weg zum Licht. – Amen.
Nach dem Gebet steht der Lahme auf und geht mit Hilfe seiner Krücken einige Schritte und summt ein Lied.

Erzählerin: Schaut euch den Lahmen an. Er summt ein Lied. Es ist, als sei die Traurigkeit von ihm abgefallen.

Der Lahme: *bleibt stehen*
Hallo Kinder, ich grüße euch. Sagt, könnt ihr mir verraten, wie das Lied heißt, das ich soeben gesummt habe?
Einige Kinder rufen ihm die Anfangsworte des Liedes zu.

Der Lahme: Wollt ihr es mit mir gemeinsam singen?
Einige Kinder rufen „Ja!"
Dann kommt etwas näher heran. *Er winkt. Die Kinder eilen herbei und umringen den Lahmen.*

Der Lahme, die Kinder, der Singkreis:

Geht nun in Frie - den, geht nun in Frie - den, geht nun in Frie - den, Gott wird euch lei - se be - glei - ten.

Der Lahme:	*wendet sich den Kindern zu*
	Erzählt mir einmal, was *ihr* am liebsten tut!
Kinder:	*Jedes Kind nennt einzeln seine Lieblingstätigkeit*
	und zeigt dabei sein gemaltes Bild.
	Diese Bilder werden anschließend an die Wand
	oder als Collage auf ein Plakat geklebt. Wer mag,
	kann sein Bild dem Lahmen schenken.
Der Lahme:	Toll, was ihr so alles könnt. *Pause*
	Ich glaube, ich weiß jetzt auch, was ich tun möch-
	te, denn schaut, meine Hände sind gesund.
Die Kinder:	Und singen kannst du auch!
Der Lahme:	Das habe ich früher nie ausprobiert. Aber jetzt
	muss ich gehen. Lebt wohl!
	Summend zieht der Lahme ab.
Die Kinder:	*singen noch einmal „Geht nun in Frieden"*

Hilfe um Beistand für jedes Kind auf der Welt.   *Fürbittgebet*

Vaterunser

Segen

„Ich möcht, dass einer mit mir geht" (Seite 11)   *Ausgangslied*

Abschiedsfest für die Schulanfänger

In vielen Einrichtungen ist es ein schöner Brauch, dass die Kinder, die nach den Ferien in die Schule kommen, mit einem Fest verabschiedet werden. Zu diesem Fest werden selbstverständlich die Eltern, die Großeltern und Geschwister eingeladen. Die Vorbereitungen auf das Abschiedsfest bereiten den Kindern viel Spaß und sind mit Aufregung und Vorfreude verbunden.

Höhepunkt des Festes könnte die Aufführung eines kleinen Rollenspiels sein. Dieses Buch enthält einige Vorschläge:
- „Timo kommt in die Schule" (Seite 22) will ängstlichen Kindern die Versicherung geben, dass immer jemand da sein wird, wenn sie Schwierigkeiten haben.
- „Die drei kleinen Hühnchen" (Seite 26) beschreibt einen Aufbruch aus dem vertrauten Elternhaus und die damit verbundenen Gefahren.
- „Die kleine Raupe" (Seite 24) erzählt von der wunderbaren Verwandlung und Entfaltung eines Geschöpfes, das die anderen für völlig unbedeutend gehalten haben.

Wenn die Zeit nicht ausreicht, um ein Stück mit den Kindern einzuüben, kann man auch eine geeignete Geschichte vorlesen. Als Vorschlag finden Sie auf Seite 49 das Märchen „Die Heckentür". Dieses Märchen ermutigt die Kinder, die schützende Geborgenheit des Elternhauses zu verlassen, unvorhergesehene Hindernisse zu überwinden und den eigenen Weg zu gehen.

Auf einem vorbereitenden Elternabend basteln die Mütter mit den Erzieherinnen Schultüten. Die Tüten werden mit Nummern von 1–6 versehen. Bei mehr als sechs Tüten werden die Nummern mehrfach vergeben. Beim Abschiedsfest dürfen die Kinder mit einem großen Schaumgummiwürfel ihre Schultüten auswürfeln. Wenn es nicht regnet, kann man die Tüten wie Früchte an einen Baum auf dem Kindergartenspielplatz hängen.

Große Freude macht es den Kindern auch, wenn sie mithelfen dürfen, die Einladung zu gestalten. Hier ein Vorschlag, wie eine solche Einladung aussehen könnte:

Liebe Eltern, liebe Großeltern,

wir laden Sie zum Abschiedsfest für unsere Schulanfänger am ＿＿＿＿＿ ganz herzlich ein. Wir beginnen um 15.00 Uhr und beenden unser Fest gegen 18.00 Uhr. Gäste sind herzlich willkommen. Wir werden Sie mit einer kleinen Aufführung erfreuen.

Im Anschluss daran zeigt Herr ＿＿＿＿＿＿ Ihnen „Szenen aus dem Kindergartenalltag".

Wie Sie wissen, hat Herr ＿＿＿＿＿ ein halbes Jahr lang als Zivildienstleistender in unserem Kindergarten gearbeitet. Während dieser Zeit hat er mit seiner Videokamera Ihre Kinder begleitet. Lassen Sie sich überraschen!

Wir freuen uns auf Sie und einen gemeinsamen Abschied von Ihren Kindern.

Ihr Kindergartenteam

Stellen Sie ein Programm zusammen, das Sie auf der Rückseite der Einladung abdrucken. Es könnte etwa so aussehen:

Begrüßung

Lied: „Ein gedeckter Tisch lädt uns ein"

Kaffeetafel: Während der Kaffeetafel lesen wir eine Geschichte vor.

Spiel: Die Kinder und Erzieherinnen führen ein kleines Stück auf.

Lied der Abgänger: „Hei, ich darf zur Schule gehn"

Videofilm: Szenen aus dem Kindergartenalltag

Lied der Abgänger: „Ich kann schon ganz, ganz viel allein"

Schultütenwürfeln

Schlusskreis: Lied: „Hei, ich darf zur Schule gehn"

Machen Sie sich Gedanken, welches Thema Sie für die Begrüßungsworte wählen (zum Beispiel: Wie jeder Mensch wächst und sich verändert und neue Wege gehen muss). Formulieren Sie Ihr Abschiedswort, die Wünsche, die Sie den scheidenden Kindern und ihren Eltern mit auf den Weg geben möchten. Bereiten Sie für die Lieder, die Sie gemeinsam mit den Gästen singen wollen, Liedblätter vor.

Ein gedeckter Tisch lädt uns ein

Ein ge - deck - ter Tisch lädt uns

ein, es ist schön da - ran Gast zu

sein! Der das Le - ben uns al - len ge-

schenkt, vol - ler Gü - te auch heut an uns

denkt. Stimmt mit ein, singt Gott un - sern

Dank, er ver - sorgt uns ein Le - ben lang.

Text und Melodie: Wolfgang Longardt

Hei, ich darf zur Schule gehn

Schau meinen neuen Ranzen an!
Rat mal, was da drin sein kann:
Wachs - mal - stif - te blau, gelb, rot
und ein di - ckes But - ter - brot.
But - ter - brot.

Schau meine bunte Tüte an.
Rat mal, was da drin sein kann:
Bonbons, Schokolade, Keks
zum Vergnügen unterwegs.

Lesen und Schreiben lernen wir,
Rechnen: 2 + 2 = 4,
spielen, singen, malen schön.
Hei, ich darf zur Schule gehn!

Text und Melodie: Margret Birkenfeld
aus: „Mein kunterbuntes Liederbuch"
© 1989 Musikverlag Klaus Gerth/Turmberg-Verlag, Asslar

Ich kann schon ganz, ganz viel allein

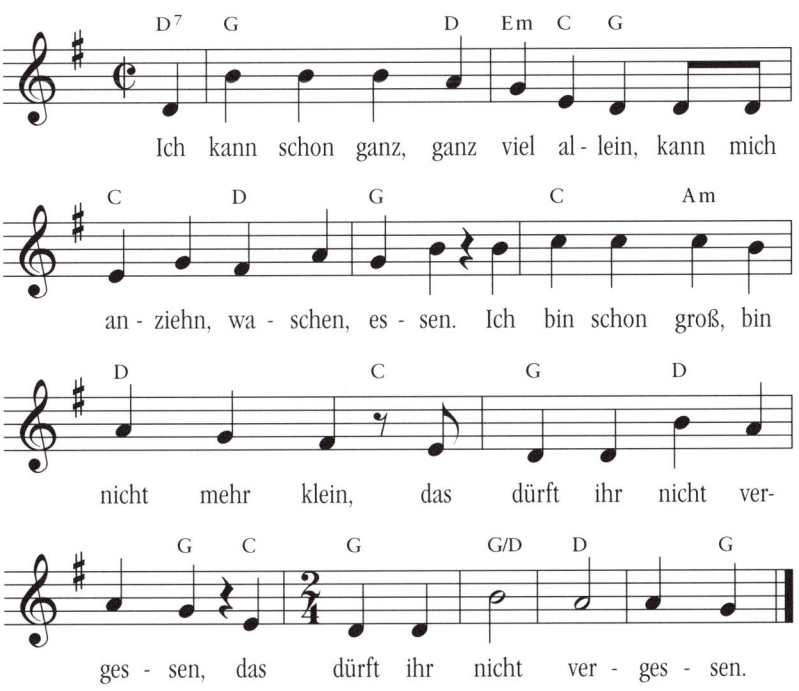

Ich kann schon ganz, ganz viel al - lein, kann mich

an - ziehn, wa - schen, es - sen. Ich bin schon groß, bin

nicht mehr klein, das dürft ihr nicht ver-

ges - sen, das dürft ihr nicht ver - ges - sen.

Ich kann schon ganz, ganz viel allein,
ich kann singen, schreiben, malen.
Ich kenn die Farben alle schon
und auch ganz viele Zahlen.

Ich kann schon ganz, ganz viel allein,
und ich weiß schon viele Sachen.
Ich weiß auch schon, dass Gott mich liebt.
Ihm will ich Freude machen.

Text und Melodie: Margret Birkenfeld
aus: „Mein kunterbuntes Liederbuch"
© 1989 Musikverlag Klaus Gerth/Turmberg-Verlag, Asslar

Ein Schlaf-Fest bei Immo

Eine Mutter erzählt

Im Kindergarten unseres Sohnes findet jährlich für die Schulabgänger ein „Abschieds-Schlafen" statt. Doch in diesem Jahr erkrankten zwei Erzieherinnen und die geplante Schlafaktion für die acht Mädchen und Jungen, zu denen auch unser Sohn Immo gehörte, wurde kurzfristig abgesagt – eine große Enttäuschung für die Kinder, die sich schon seit Wochen darauf gefreut hatten.

Der Elternbeirat, dem ich angehöre, beriet, was zur Aufrechterhaltung des Kindergartenbetriebs getan werden konnte. Außerdem überlegten wir, wie wir den Kindern trotz allem ihr Schlaf-Fest ermöglichen könnten. Mein Mann und ich schlugen vor, das Fest in unserem Haus stattfinden zu lassen. Alle waren von dieser Idee begeistert und boten ihre Hilfe an. Eine Erzieherin machte uns darauf aufmerksam, dass die Kinder nicht über den Kindergarten versichert seien, da dies eine private Veranstaltung sei. Dieser Hinweis war für alle Beteiligten wichtig.

An dem geplanten Abend rückten einige Väter an und halfen uns, das Wohnzimmer auszuräumen. Kurze Zeit später standen die Kinder mit prall gefüllten Rucksäcken vor unserer Tür. Immo führte sie freudestrahlend ins fast leere Wohnzimmer. Nach der ersten Verlegenheit ging es mit viel Lärm an die Schlafplatzsuche. Welcher Platz gefällt mir am besten? Wer soll neben mir liegen?, waren wichtige Fragen.

Sabine, eine Praktikantin aus dem Kindergarten, hatte sich bereit erklärt, mit den Kindern bei uns zu schlafen. Sie beriet die Kinder bei der schwierigen Schlafplatz-Entscheidung. Und nach einigem Hin und Her war das Schlaflager perfekt und auf jedem Rucksack thronte ein Kuscheltier.

Nach einem Erfrischungsgetränk und einigen Spielen im Garten brachen wir auf zu unserer Abendwanderung. Die Kinder kannten das Ziel: ein Grillplatz am Waldrand. Schon von weitem zog uns ein leckerer Duft in die Nase, denn die Väter warteten dort schon mit gegrillten Würstchen und Fleisch auf die hungrige Meute. Die Kinder begrüßten ihre Väter, als seien sie schon tagelang von zu Hause fort!

Beim Spielen auf der Wiese entdeckte Sabine einige Blumen, die ihre Blüten bereits geschlossen hatten. Sie machte die Kinder darauf aufmerksam, dass die Blumen schon schliefen. Die Kinder fanden das sehr interessant und wollten wissen, ob

die Blüten sich am Morgen wieder öffnen würden. Einige wollten am anderen Morgen zurückkommen und nachschauen.

Später, auf dem Heimweg, war es schon fast dunkel. Das fanden die Kinder gruselig schön. Die Taschenlampen kamen zum lang ersehnten Einsatz. In jedes Loch, in jede dunkle Ecke leuchteten die Kinder hinein. Es konnte ja ein Fuchs, ein Bär oder gar ein Löwe darin versteckt sein!

Einige Kinder überlegten, ob die Vögel auch schon schliefen. Wir blieben mucksmäuschenstill stehen und horchten. Die Kinder hielten fast den Atem an, aber wir vernahmen keinen Laut. Daraufhin versuchten die Kinder so leise wie möglich weiterzugehen. Sie flüsterten sogar, damit sie nur ja die Vögel nicht weckten.

Als wir endlich zu Hause ankamen, waren die Kinder müde. Ich schlug eine „Katzenwäsche" vor und alle waren sofort damit einverstanden. Eins von den Mädchen schmiegte sich heimlich an mich und flüsterte: „Gibst du mir einen Gute-Nacht-Kuss?" Ich drückte sie an mich und spürte, wie sie ihr Heimweh tapfer unterdrückte.

Im Wohnzimmer flogen jetzt Kopfkissen und Kuscheltiere durch den Raum. Sabine ließ die Kinder eine Weile toben. Dann stimmte sie auf ihrer Blockflöte eine Melodie an, die die Kinder ruhig machte. Danach las sie ihnen eine Geschichte vor und sang mit ihnen „Die Sterne stehn" (Seite 42). Das hatten sie im Kindergarten extra für das Schlaf-Fest eingeübt. Nachdem wir allen eine gute Nacht gewünscht hatten, blieb Sabine noch bei den Kindern, bis sie schliefen. Danach setzten wir uns noch ein Weilchen zusammen und ließen den Tag ausklingen.

Am anderen Morgen waren im Garten die „Heinzelmännchen" am Werk: Die anderen Eltern hatten sich hereingeschlichen und deckten mit ihren mitgebrachten Köstlichkeiten den Frühstückstisch. Dieses gemeinsame Frühstück dauerte lange, denn es gab viel zu erzählen!

Alle Erlebnisse hielt ich zur Erinnerung für die Kinder und die Kindergartenzeitung mit dem Fotoapparat fest. Wir waren alle froh, dass wir gemeinsam den Kindern dieses Schlaf-Fest ermöglicht hatten, an das sie sich bestimmt noch lange erinnern würden.

Die Ster - ne stehn hoch ü - ber den Bäu - men. Gott schenk uns Schlaf und lass uns gut träu - men. Schenk uns Schlaf. Schenk uns Schlaf.

Text: Rolf Krenzer, Melodie: Ludger Edelkötter, aus: „Halte zu mir guter Gott" (IMP 1021).
Alle Rechte Impulse Musikverlag Ludger Edelkötter, 48317 Drensteinfurt.

Spuren des Lebens – Ein meditativer Elternabend

Ein Pfarrer berichtet

Das Kindergartenjahr neigte sich dem Ende entgegen. Es war eine gute Zeit. Auf der Basis einer wachsenden Zusammenarbeit zwischen Eltern, den Mitarbeiterinnen des Kindergartens und mir hatten sich intensive Gesprächsabende entwickelt. Ausgehend von pädagogischen und theologischen Fragen ergaben sich auch Fragen nach dem Sinn und der Mitte des Lebens. So entstand bei den Teilnehmerinnen und Teilnehmern dieser Gesprächsabende der Wunsch, das Kindergartenjahr mit einem meditativen Elternabend abzuschließen.

Er wurde wie folgt gestaltet:

Begrüßung: Thema „Aufbrechen aus vertrauter Umgebung, sich auf den Weg machen und etwas in Bewegung bringen".

Lied: „Mal deinen Weg" (Seite 44).
Im Anschluss daran malte jeder mit bunten Farben ein auf eine besondere Station des persönlichen Lebensweges bezogenes Bild.

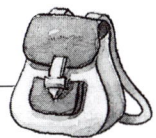

Während des Malens sollte nicht gesprochen werden.

Gespräch: Nach Beendigung dieser Stillbeschäftigung wählte sich jeder Teilnehmer, jede Teilnehmerin einen Gesprächspartner. Gemeinsam sprachen sie über ihre Bilder.

Lied: „Mal deinen Weg" als Wiederholung und Vertiefung.

Meditation mit Geschichte: Ich ließ die Teilnehmer und Teilnehmerinnen ihre Augen schließen. Es herrschte absolute Stille. In diese Stille hinein las ich mit gedämpfter Stimme die Geschichte „Fußspuren im Sand" vor.

Eines Nachts hatte ich diesen Traum: Ich ging mit Gott am Strand entlang. Vor meinen Augen zogen Bilder aus meinem Leben vorüber und auf jedem Bild entdeckte ich Fußspuren im Sand. Manchmal sah ich die Abdrücke von zwei Fußpaaren im Sand, dann wieder nur von einem Paar.
Das verwirrte mich, denn ich stellte fest, dass immer dann, wenn ich unter Angst, Sorge oder dem Gefühl des Versagens litt, nur die Abdrücke von einem Fußpaar zu sehen waren.
Deshalb wandte ich mich an Gott: „Du hast mir versprochen, Gott, du würdest immer mit mir gehen, wenn ich dir nur folgen würde. Ich habe aber festgestellt, dass gerade in den Zeiten meiner schwierigsten Lebenslagen nur ein Fußpaar im Sand zu sehen war. Wenn ich dich nun am dringendsten brauchte, warum warst du dann nicht für mich da?"
Da antwortete Gott: „Immer dann, wenn du nur ein Fußpaar im Sand gesehen hast, habe ich dich getragen."

Margaret Fishback-Powers
© Harper-Collins Publishers, Toronto

Nach einer Weile des in sich Hineinversenkens bat ich alle, die Augen zu öffnen.

Gebet:　Thema „Vertrauensvoll neue Wege gehen"

Abschluss-
gespräch:　Thema „Den eigenen Lebensweg bedenken. Fragen, Zweifel und Träume zulassen. Lichter auf dem Lebensweg als Zeichen Gottes erkennen und annehmen".

Schlusslied:　„Ich möcht, dass einer mit mir geht" (Seite 11)

Auf diesen Elternabend, der so ganz anders war als sonst üblich, bekam ich ungewöhnlich viele positive Rückmeldungen – verbunden mit der Bitte, öfter einmal einen meditativen Elternabend durchzuführen.

Mal deinen Weg

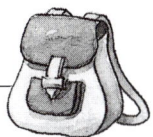

Flü - gel des Le - bens.   Quel - len des Le - bens.

Geh deinen Weg!
Bleibe nicht am Anfang stehn,
erst auf dem Wege wirst du sehn
Lichter des Lebens.

Refrain:
Such deinen Weg!
Wie ein Vogel fliegt im Wind
und die Gedanken, ja, sie sind
Flügel des Lebens.
Such deinen Weg!
Das Woher und das Wohin
und du erfragst dabei den Sinn:
Quellen des Lebens.

Geh deinen Weg!
Such nicht immer nur das Ziel,
auch unterwegs entdeckst du viel:
Spuren des Lebens.

Refrain

Text: R. Bäcker, Melodie: D. Jöcker, aus MC: „Licht auf meinem Weg."
Rechte: Menschenkinder Verlag Münster

45

Rückblick und Ausblick – Vorschlag für einen Elternabend

Bericht einer Kindergarten-leiterin

Die Zeit des Abschiednehmens von Kindern und Eltern, die uns vertraut waren, nahte. Die Wochen vor den Sommerferien erlebten wir ganz besonders intensiv. Öfter, als es sonst im Laufe des Jahres üblich war, führten wir mit den Kindern und Eltern Gespräche. Dabei ließen wir die vergangene Zeit aufleben und machten ihnen Mut auf den bevorstehenden Neuanfang.

Unter diesem Aspekt luden wir zu einem Elternabend ein. Das Thema lautete „Rückblick und Ausblick".

Begrüßung: Bezug zum Thema.

Lied: „Gib uns Augen, gib uns Augen, dass wir staunend sehn, wie ganz leis' Verwandlungen geschehn" (Seite 48).

Geschichte: „Die kleine Raupe", ein russisches Tiermärchen wurde vorgelesen und anschließend darüber ein Gespräch geführt (siehe Spiel auf Seite 24).

Gesprächs-aussagen: Es wurden Parallelen zur Geschichte und zur Situation der flügge gewordenen Kinder gezogen: Auch die Kinder haben sich verwandelt, ein jedes auf seine ganz besondere Art. Mal sind sie keck und aktiv und handeln wie kleine Draufgänger, ein anderes Mal sind sie still und verträumt. Nicht immer brauchen sie das Zusammensein mit der großen Gruppe. Es gibt Momente, da ziehen sie sich zurück und suchen das „Alleinsein". Doch nach einer Zeit des passiven Verhaltens kommen sie wie ein bunter flatternder Schmetterling wieder hervor.

Kreativer Schritt: Nach diesem sehr lebhaften Gespräch legten wir Papier, Kleber, Scheren und diverse Stifte bereit. Dann führten wir den nächsten Schritt, der als Einzelarbeit vorgesehen war, ein. Die eigenen Füße (ohne Schuhe) wurden umrissen und ausgeschnitten. Mit dicken Filzstiften schrieb jeder auf die erste Sohle, was sein Kind während der Kindergartenzeit an sichtbarer Verwandlung

erfahren hat und auf seinen Weg ins Schulleben mitnimmt, auf die zweite Sohle das, was jedes Kind an unsichtbarer Verwandlung durchgemacht hat.

Die beschrifteten Sohlen klebten die Eltern auf die von uns vorbereiteten und ausgelegten Wege (Tapetenrollen).

Symbolischer Abschied:	Im folgenden Schritt nahmen wir symbolisch Abschied. Gemeinsam gingen wir die beschrifteten Wege entlang und lasen die einzelnen Aussagen der Verwandlung.
Abschluss und Ausblick:	Dieser „symbolische Abschied" ging den Eltern und uns sehr nahe. Die Trennung von einer gemeinsamen Zeit der Freude und der gemeinsam gelösten Probleme fiel allen sichtlich schwer. „Was wird aus unseren Wegen?", fragte ein Vater. Ich antwortete: „Wir wollen diese Wege, die ein Stück Lebensgeschichte erzählen, zunächst in die Kirche hängen. Dort sollen sie zum Schulanfängergottesdienst noch einmal zur Geltung kommen. Danach möchten wir sie als Geschenk des Kindergartens der Schule geben." Diese Idee gefiel den Eltern gut und machte ihnen den Abschied von einem gemeinsamen Stück Lebensweg etwas leichter.
Abschlusslied:	Wir fassten uns an und sangen das Lied, das auch im Gottesdienst für die Schulanfänger gesungen werden soll: „Geht nun in Frieden, geht nun in Frieden, geht nun in Frieden, Gott wird euch begleiten" (Seite 33).
Anregungen:	Das Spiel von der kleinen Raupe (Seite 24) könnte gut von den Kindern zum Abschlussfest des Kindergartens gespielt werden. Für den Schulanfängergottesdienst eignet sich die biblische Geschichte von Abraham. Sie macht Mut, denn Kinder und Eltern erfahren: Gott begleitet und beschützt uns auf all' unseren Wegen.

Gib uns Augen

Gib uns Au - gen, gib uns Au - gen, dass wir stau - nend sehn wie ganz leis Ver - wand - lun - gen, Ver - wand - lun - gen ge - schehn.

Gib uns Augen, gib uns Augen, dass wir staunend sehn
wie ganz schnell Verwandlungen, Verwandlungen geschehn.

Gib uns Augen, gib uns Augen, dass wir staunend sehn
wie ganz sacht Verwandlungen, Verwandlungen geschehn.

Text und Melodie: Wolfgang Longardt. Rechte beim Autor

Zum Vorlesen und Erzählen

Das Einleben in eine fremde Umgebung mit fremden Menschen erzeugt bei den Kindern Angst. Die Angst zu erkennen und mit ihr umzugehen, ist sicherlich nicht leicht. Wenn Eltern und Erzieher/innen versuchen, kindliche Ängste abzubauen, ist ein behutsames Vorgehen unbedingt notwendig. Angst kann nicht einfach weggeredet werden. Gemeinsam mit den Kindern sollten begehbare Wege gegen die Angst gefunden werden. Da- bei spielen gegenseitiges Vertrauen, Geborgenheit im sozialen Umfeld, Zuwendung und Toleranz eine wichtige Rolle.

Ein guter Weg, mit Kindern über ihre Ängste ins Gespräch zu kommen, sind Geschichten, in denen Ängste erlebt werden und die das Alltagserleben der Kinder widerspiegeln. Als Ergänzung dazu bieten sich Gedichte, Bilderbücher, Spiele und Lieder an, in denen Kinder sich durch das Zuhören und Mittun mit Gestalten und Situationen identifizieren können. Die Kinder werden nach eigenem Ermessen und ohne Zutun der Erwachsenen ihre Probleme erkennen und durchleben. Und so manches Kind wird sich auch bestätigt fühlen und ein „Aha-Erlebnis" haben, wenn es erkennt, dass es seine Ängste ganz allein aus sich heraus bewältigt hat.

Mit den folgenden Geschichten, Gedichten, Liedern und Spielen möchte ich Ihnen Impulse zum situativen Umsetzen geben für diese Arbeit mit den Kindern.

Die Heckentür

Das Märchen von der Heckentür ist ein besonders hintergründiges Märchen. Es kann auf verschiedenen Ebenen verstanden werden, weil es in die verschiedensten Schichten schwingt. Von der Verlaufsebene der Märchenhandlung her ist es so simpel, dass es schon für fünf- bis sechsjährige Kinder erzählt werden kann. Seine Hintergrundsproblematik jedoch hat noch Erwachsenen etwas zu sagen.

Es war einmal eine Frau, die hatte zwei Kinder, einen Jungen und ein Mädchen. Eines Tages ging sie auf die Reise und sagte zu ihnen: „Hört einmal, Kinder, ich reise fort, und ihr bleibt allein daheim, drum passt mir ja hübsch auf die Heckentür auf!" Sie meinte damit, sie sollten sorgen, dass sich kein Spitzbube hineinschliche.

Eine Weile war sie schon fort, da bekamen die Kleinen Langeweile, und der Bruder sagte zur Schwester: „Komm, wir wollen ein wenig hinaus in den Wald, und die Heckentür nehmen wir mit, dann ist's gut!" Da war sie zufrieden und sie gingen hinaus in den Wald. Aber wie sie da herumliefen, verirrten sie sich, und die Nacht überfiel sie, so dass sie wohl sahen, sie würden doch nicht mehr heimkommen, und vor Angst kletterten sie auf einen Eichbaum, um dort bis zum Morgen zu bleiben, damit sie nicht von den wilden Tieren zerrissen würden.

Eine Zeit lang haben sie da gesessen, da kommen Spitzbuben, die schleppen einen großen Haufen Geld zusammen, den zählen sie. Da halten sich die Kleinen ganz still im Baum, damit sie nicht von den Männern bemerkt werden. Aber endlich kann sich der Bruder doch nicht mehr halten und sagt zur Schwester: „Ich muss einmal was Kleines machen." – „Na, so tu's!" Da tut er's, die Spitzbuben aber zählen ruhig weiter und sagen: „'s ist ein wenig Regen, der fällt." Wieder nach einer Weile sagt der Bruder zur Schwester: „Ich kann's nicht länger halten, ich muss was Großes machen." – „Na, so tu's!" Da tut er's, aber die Spitzbuben zählen ihr Geld ruhig weiter und sagen: „'s ist ein wenig Mist von den Vögeln, die im Baume sitzen." Nun sitzen sie wieder lange still, da sagt auf einmal der Bruder: „Ich kann die Heckentür nicht mehr halten!" – „So wirf sie hinab!", sagt die Schwester. Da wirft er sie hinab, und sie fällt mitten unter die Spitzbuben, und die laufen eiligst davon und rufen: „Gehn die Wol-ken hier, gehn die Wol-ken hier!"

Nun war's aber Morgen geworden, und da stiegen Bruder und Schwester hinab vom Baume und nahmen die Heckentür und das Geld, das die Spitzbuben im Stich gelassen, dazu und kamen glücklich wieder nach Hause. Die Mutter ging ihnen schon entgegen und jammerte und schalt, dass sie nicht auf die Heckentür aufgepasst hätten und nun die Spitzbuben dagewesen seien und das ganze Haus ausgeräumt hätten. Die Kleinen aber erzählten alles, wie es ihnen im Walde ergangen war, und da war sie froh. Und von dem Gelde kaufte sie neue Kleider und neues Gerät dazu, und es blieb noch so viel übrig, dass sie ihr Leben lang alle drei daran genug hatten.

Aus: „Die Märchentruhe", herausgegeben von Vilma Mönckeberg, Verlag Heinrich Ellermann, München 1968

Felicitas Betz gibt in dem Buch „Märchen als Schlüssel zur Welt" (Verlag Ernst Kaufmann, Lahr) zu diesem Märchen folgende Erklärungen:

Der Grundton

Welcher Grundton bestimmt das Märchen von der Heckentür? – Nach mehrmaligen lauten Sprechen wird sich wahrscheinlich herausstellen, dass diese Geschichte einen verhalten-heiteren Grundton verlangt. Die Mutter geht zwar auf Reisen und lässt ihre Kinder allein, aber das macht keine Angst. Auch ihr Gebot: „Passt mir ja hübsch auf die Heckentür auf!", ist von strenger Pedanterie weit entfernt, was sprachlich schon durch das Wörtchen „hübsch" angedeutet wird, welches etwa signalisiert: So ganz entsetzlich streng und tragisch ist es um diese Sache nicht bestellt. Der Erzähler weiß um den glücklichen Ausgang des ganzen Abenteuers, was ihn dazu bestimmen wird, das Verirren im Wald und die Angstsituation auf dem Baum nicht zu dramatisieren. Der Ton bleibt trotz des Ernstes leicht. Erst recht sollte das drastische Geschehen, dem sich der Bruder notgedrungen auf dem Baum hingeben muss, eher lustig wirken.

Die Bilder

Das Märchen von der Heckentür verwendet eine ganze Menge von Bildern mit symbolhaftem Charakter. Das Hauptbild ist die Heckentür, die den heutigen Kindern nicht mehr geläufig ist. Sie setzt eine gewachsene Umhegung eines Grundstücks voraus, die einen Zugang zum Haus hat. Diese Öffnung in der lebendigen Hecke ist durch eine Tür zu öffnen und zu schließen, die dort an zwei Pfählen installiert ist und zum Beispiel leicht aus den Angeln gehoben werden kann. Wir müssen uns diese Gattertür am besten aus Holz gefertigt vorstellen. Die Kinder machen wir in zwei verschiedenen Schritten zunächst mit „Hecke" und dann mit „Tür" vertraut. Wir erforschen, ob sie mit dem Wort vertraut sind, lassen sie dann von Hecken, die sie gesehen haben, berichten, regen sie an, auf Hecken zu achten, an denen sie vielleicht täglich vorübergehen, lassen uns erzählen, was sie dort beobachtet haben: Hecken wachsen, Hecken sind dicht, Hecken können hoch werden, Hecken kann man beschneiden, Hecken können blühen, Hecken können ihre Blätter verlieren... Hecken umgeben ein Feld, einen Garten, ein Haus... Wir lassen sie Hecken malen, basteln...

51

Wir wecken in ihnen die Vorstellung, dass eine undurchdringliche Hecke keinen Zugang hätte... Man könnte nicht hinein, nicht sehen, was hinter der Hecke ist... bliebe ausgesperrt... wie gut, wenn es eine Tür gibt... Türen, die verschlossen sind... Türen, die geöffnet werden können... Die Kinder gehen alle Tage so selbstverständlich durch Türen, dass ihnen gut tut, die eröffnende oder aus-schließende Funktion einer Tür ins Gespür zu bekommen.

Ein anderer Symbolbereich ist mit den Bildern „Wald", „Eichbaum" und „wilde Tiere" umschrieben. Auch dieser Bereich sollte durch Anschauung, Beobachtung, durch Sammeln von Erinnerungen in die lebendige Vorstellung der Kinder geholt werden.

Ein dritter Bereich wird mit den Bildern „Spitzbube" und „Haufen Geld" skizziert. Auch er sollte vor dem Erzählen den Kindern erlebbar gemacht werden.

Spitzbuben sind Diebe, die heimlich kommen, die mitnehmen, was ihnen wertvoll erscheint. Wer es nicht gerade mit Kindern aus asozialen Verhältnissen zu tun hat, kann z. B. bei rhythmischen Übungen (zu einer geeigneten Musik) die Kinder „wie Spitzbuben schleichen" lassen oder zu pantomimischen Übungen anregen: „Ein Spitzbube schleicht sich nachts in ein Haus..." Manchmal zählen Kinder gern Pfennige, der rötliche Glanz des Kupfers – besonders neuer Münzen natürlich – hat eine eigene Anziehungskraft. Es könnten sich durchaus auch Überlegungen zum Umgang mit Geld anschließen.

Das letzte Bild heißt „neue Kleider" – doch davon bringen die heutigen Kinder wahrscheinlich eine Vorstellung mit.

Wirkung auf die Kinder

Unser Märchen hält eine archetypische Situation fest: Kinder kommen in die Lage, ohne elterliche Behütung und Bevormundung etwas wagen und entscheiden zu müssen. Unsere Kinder haben eine solche Situation noch nicht erlebt. Aber im Märchen lernen sie vorauszuahnen, was das bedeuten mag. Sie bekommen vielleicht eine erste Andeutung, dass auch sie irgendwann einmal auf so etwas gefasst sein müssen. Erste Lebenseinweihung geschieht, und zwar mit leichter Hand, ohne Aufhebens und ohne großes Gesums oder Aufklärerei. Wache Kinder aber mögen ihre inneren Ohren spitzen und sich innerlich vorbereiten. Sie werden zwar nicht darüber sprechen kön-

nen – aber dies ist gar nicht nötig. So wie „viel Korn in der Winternacht wächst", so bereitet sich scheinbar unmerklich in der frühen Kindheit Lebens-Erfahrung vor.

Was die Kinder im Vorschulalter aber bei diesem Märchen wahrscheinlich schon verbal signalisieren können, das sind ihre Ängste. Oder wenn sie es nicht von selbst tun, könnten die Erzieher sie dazu provozieren. Denn ganz gewiss identifizieren sie sich mit dem Pärchen auf dem Eichbaum, das „sich ganz still hält in dem Baum, damit die Männer sie nicht bemerken sollen". Es geschieht zwar durch den Handlungsablauf in diesem Märchen schon eine Art Angstbewältigung, aber sicher tut den Kindern gut, wenn sie einmal von ihren Ängsten sprechen können – oder davon, dass „sie keine Angst haben" – was eigentlich bedeutet, dass sie keine haben sollen, weil ihre Eltern das nicht gut finden. Das Märchen schildert das dramatische Geschehen zwischen den beiden im Baum und den Spitzbuben da unten und löst die Angst dadurch auf, dass die Spitzbuben sich erschrecken lassen, alles stehn und liegen lassen und fliehen. Unsere Kinder werden so unterschwellig ermutigt, in der Angst tapfer zu sein, was ihnen in heiklen Situationen sehr zustatten kommen kann, denn bekanntlich lassen sich draufgängerische Typen durch panische Angst erst recht provozieren und reizen. Kinder mit Selbstvertrauen werden viel seltener angegriffen. All solche Lebensregeln erlauscht sich das Kind aus einer solchen Geschichte. Und wir Erzieher brauchen und dürfen da nichts „erklären", das Kind versteht in diesen Bildern auf seine Weise – sofern es nicht so geschädigt ist, dass es gar nicht aufnehmen kann. Aufgabe des Erziehers ist es aber, mit wacher Aufmerksamkeit die Angst-Äußerungen der einzelnen Kinder zu beachten und zu notieren – eventuell in die Karteikarten der Kinder, sie können in akuten Fällen wichtige Aufschlüsse geben. – Für die Kinder ist es wichtig, dass sie in ihrem Angsthaben bestätigt werden: es ist nicht „verboten", Angst zu haben. Sie entnehmen dem Märchen, Ängste zu haben ist menschlich. Aber Ängste können verschwinden, wenn wir sie durchstehen und uns ihnen stellen. Ängste können sich auch in Gelächter auflösen.

Ethische Orientierung

In diesem Märchen ist ein ethischer Ansatz mitverpackt, der für den Reifungsweg eines jeden Menschen von hoher Bedeutung ist. Er lässt sich so umschreiben: Irgendwann kommt unweiger-

lich auch für dich wie für jeden Menschen der Moment, wo bergende Gehege verlassen, schützende Hecken (=Grenzen) überschritten oder durchbrochen werden müssen. Anders ist das Glück – das heißt hier: Reifung zum Erwachsen werden – nicht zu machen. Eine solche Überschreitung hat Abenteuercharakter. Du weißt nicht, wie es dir „hinter der Grenze" ergehen wird. Angst, Not und Bedrängnis wirst du durchstehen müssen – aber sei zuversichtlich: Gerade dieses Wagnis bringt dir das Glück und den guten Ausgang. Am Ende bekommst du „neue Kleider und neues Gerät dazu" – das heißt: einen neuen Lebensraum und neue Geborgenheit. (Siehe dazu das Symbolverständnis von „Kleid" in „Die Sterntaler").

Eine allererste Urerfahrung dieses Lebensgesetzes haben unsere Kinder schon hinter sich gebracht: Sie alle haben die erste schützende Geborgenheit im Mutterschoß erlebt und sie verlassen müssen. Dieser Durchtritt war vielleicht hart. Neugeborene müssen Veränderungen durchleben, Härten (Kälte und Hunger z. B) spüren, Unbekanntes erfahren. Aber sie sind durchgekommen. Sie haben neue Bergung erfahren und sei sie nur minimal gewesen. Denn wäre dies nicht geschehen, so lebten sie nicht mehr.

Das Märchen von der Heckentür ermutigt die Kinder – ohne dass andere Worte als die dieser Geschichte aufklärend verwendet werden müssten – dem Lebensdrang stattzugeben, der diesem Gesetz des Vorwärtsgehens und Verlassenmüssens gehorsam ist.

Das verlorene Schaf

Auch wenn religiöse Erziehung im Kindergarten vor allen Dingen durch liebevolle Zuwendung der Erzieherinnen zu den Kindern geschieht, spielt doch das Erzählen biblischer Geschichten eine wichtige Rolle. Die Kinder werden von den Bildern und Symbolen berührt. Was eine Geschichte aussagt, erfassen sie nicht nur auf der Ebene des Verstandes. Es ist vielschichtig erfahrbar und berührt unausgesprochen Fragen der Kinder. Die gehörten, gespielten Geschichten leben in der Fantasie weiter und fördern die Erlebnisfähigkeit des Kindes ohne Zutun der Erwachsenen. Viele biblische Geschichten lassen sich mit Kindersituationen in Verbindung bringen. Die Kinder spüren: Ich komme darin vor.

Die Geschichte vom verlorenen Schaf ist eine solche Geschichte. Kinder haben oft Angst, „verloren" zu gehen, wenn sie – wie gerade jetzt vor dem Schuleintritt – neue Wege gehen müssen. Die Geschichte macht ihnen Mut. Sie gibt ihnen die Sicherheit: Ich werde gefunden.

Ein Hirt hatte hundert Schafe. Mit ihnen und seinem treuen Wachhund zog er täglich auf die Weide. Der Hirt liebte seine Schafe. Er lebte mit der großen Herde Tag und Nacht zusammen. Er kannte sie alle, die Wilden und die Zahmen, die großen Muttertiere und die jungen Lämmlein. Jedem Tier gab er einen Namen.

Auch die Tiere kannten ihren Hirten Daniel. Sie waren gerne in seiner Nähe. Wenn er ihre Namen rief, sprangen sie rasch herbei. Der Hirt sorgte gut für seine Schafe. Er suchte für sie die saftigsten Weiden aus. Manchmal führte der Weg dorthin über steinige Felsen, steile Wege oder tiefe Schluchten.

Jeden Abend zählte Daniel seine Schafe. Wenn alle beisammen waren, legte auch er sich beruhigt zum Nachtschlaf nieder. Einmal zählte und zählte er immer wieder. Dann erschrak er sehr. Eines fehlte. Sein Schäfchen Jonatan war nicht mehr dabei. Wo mochte es sein? Es musste sich verirrt haben. Da vertraute der Hirt die anderen neunundneunzig Schafe seinem treuen Wachhund an. Er kehrte eilig um, den Jonatan zu suchen. Daniel ging noch einmal den ganzen Weg zurück, sprang über einen Bach und kletterte über dicke Felsbrocken. Dabei rief er unermüdlich den Namen seines Lämmleins.

Als der Hirt einmal stehen blieb und in die Stille der Nacht hineinhorchte, vernahm er leise Töne. War das nicht Jonatan? Aufgeregt rief er noch einmal: „Jonatan!" Da, wieder hörte er ein klägliches „Mäh". Daniel lief eilig dem Rufen des Schafes nach. Da sah er es. Es lag hilflos am Boden, festgehalten von einem kräftigen Dornenbusch.

Behutsam befreite Daniel Jonatan. Dann nahm er das erschöpfte Tier auf den Arm. Das kleine Herz pochte vor Angst ganz heftig. Daniel drückte es an sich. „Wie bin ich froh, dass ich dich gefunden habe!", sagte er.

Das Lämmlein machte „mäh", so als habe es den Hirten verstanden. Daniel nahm sein verlorenes Schaf nun auf die Schulter und kehrte frohen Herzens zur Herde zurück.

Ilse Jüntschke
Nach Lukas, Kap. 15, Vers 1–7; Matthäus, Kap. 18, Vers 12–14

Wie Kai einen Riesen und einen Drachen sah

Endlich ist Kais großer Wunsch in Erfüllung gegangen. Für zehn Tage darf er bei seiner Großmutter zu Besuch sein – ganz allein: ohne seine Eltern und vor allem ohne seine beiden älteren Zwillingsschwestern Ines und Iris.

Kais Großmutter wohnt in einem kleinen Dorf, in ihrem Haus ist viel Platz. Kai schläft oben in einem großen Dachzimmer, das voller alter Möbel ist. Nicht weit von seinem Bett steht ein breiter Ohrensessel, der ist sogar noch mit Stoffbommeln verziert.

Der erste Ferientag ist aufregend, alles im Haus und auf dem Hof darf Kai sich genau ansehen: Großmutter hat zwei Katzen, Hühner, Enten und in einem kleinen Stall sogar ein Schwein. Hinter dem Stall entdeckt Kai Großmutters Schafe: zwei Muttertiere und zwei Lämmer.

„Am liebsten möchte ich immer hier bleiben", sagt Kai beim Abendessen. Großmutter lacht und meint: „Wir wollen erst sehen, ob du hier überhaupt gut schlafen kannst. Oben bist du allein, ich schlafe unten."

„Keine Sorge", antwortet er, „ich bin doch schon sechs, bange bin ich nicht."

Kai darf noch mithelfen, als seine Großmutter die Tiere zur Nacht versorgt, dann bringt sie ihn nach oben. In einer Nebenkammer kann er sich waschen und rasch schlüpft Kai in das große, alte Bett. Beim Gute-Nacht-Sagen meint die Großmutter noch: „Morgen hilfst du mir, wenn ich die Schafe auf eine andere Wiese bringe. Schlaf schön!"

Kai freut sich und schläft rasch ein. Aber bald ist er wieder wach, es knackt so seltsam in den Balken. Kai setzt sich auf und schaut sich um. Durch die halb offene Gardine fällt ein Streifen Mondlicht ins Zimmer. Doch was ist das? Nahe an Kais Bett steht ein Ungetüm, breit und dunkel, aber ohne Bewegung. Ein Riese? Da knackt es wieder und Kai glaubt, der Riese käme jetzt langsam näher an sein Bett. Soll er Hilfe rufen und Großmutter wecken?

Da fährt draußen ein Auto vorbei. Die Scheinwerfer huschen durch das Zimmer. Ist das wirklich ein Riese, denkt Kai. Eben, als das Auto vorbeifuhr, sah er oben einen Tierkopf mit offenem Maul! Dann stand da ja an seinem Bett ein Drachen! Kai zittert jetzt vor Angst, er steigt am Fußende aus dem Bett, drückt sich eng am großen Schrank entlang und sucht den Lichtschalter neben der Tür. Von hier aus scheint das doch kein Drachen mit Tierkopf zu sein, sondern ein Riese mit breiten Schultern und langem Gewand!?

Jetzt hat Kai endlich den Schalter gefunden. Leise zählt er für sich: „Eins, zwei, drei!" Dann drückt er und die Deckenlampe geht an. Erstaunt macht Kai ein paar Schritte nach vorn, der alte Ohrensessel ist tatsächlich größer als am Tage, denn alle seine Sachen hat Kai abends noch darüber und darauf geworfen. Seine Regenjacke mit Kapuze hängt oben steif zur Seite: das war der Drachenkopf mit offenem Maul. Und alle anderen Sachen waren wie der Bauch und die breiten Schultern des Riesen. Schrecklich kann so ein Haufen Sachen im Halbdunkel aussehen.

Kai reißt die Sachen herunter, drückt sie zusammen, bis nur noch das nackte Oberteil vom Sessel zu sehen ist, die Lehne mit den breiten Polstern zum Anlegen von Kopf und Ohren. Schnell springt er wieder ins Bett. Blöder Sessel, denkt er noch. Im Wieder-Einschlafen beschließt Kai, dass er niemand, auch der Großmutter, nichts von allem erzählen wird. Am Ende erfahren es seine Eltern dann auch und nicht auszudenken, wenn Ines und Iris hören, er hätte im Zimmer nachts einen Riesen oder einen Drachen am Bett gehabt und sich gefürchtet. Schließlich hat er alles ganz allein bewältigt. Morgen früh wird er dem Sessel noch ein paar kräftige Boxhiebe versetzen, der soll merken, wie stark er schon ist!

Wolfgang Longardt

Auch die Großen haben manchmal Angst

Bis heute hat Christine nicht gewusst, dass auch die großen Leute manchmal Angst haben. Sie hat immer gedacht, Angst hätten nur Kinder. Doch heute haben auch ihre Eltern und andere Erwachsene zugegeben, dass sie manchmal Angst haben.

Es war im Familiengottesdienst. Der Pfarrer hatte zuerst eine Jesusgeschichte erzählt: Jesus wollte mit seinen Jüngern über den See fahren. Sie stiegen in ein Boot. Jesus war sehr müde. Er legte sich hinten ins Boot und schlief ein. Er schlief so fest, dass er den Wind nicht hörte, der plötzlich über den See peitschte. Dunkle Wolken hatten sich zusammengezogen. Die Männer ruderten mit aller Kraft. Sie wollten unbedingt das Ufer erreichen, bevor der Sturm richtig losbrach. Aber der Wind wurde immer heftiger. Die Wellen wurden größer und schlugen gegen das Boot. Die Ruder griffen ins Leere. Das Boot kam nicht mehr vorwärts. Vor lauter Angst wussten die Männer nicht mehr, was sie tun sollten. Sie klammerten sich aneinander.

Einer rief verzweifelt: „Wo ist denn Jesus? Warum lässt er uns allein?"

„Er schläft", sagte ein anderer. Sie rüttelten ihn wach.

Jesus richtete sich auf, schaute sie an und sagte: „Warum habt ihr denn solche Angst? Ich bin doch bei euch!" Dann drehte er sich um und sagte: „Wind sei still! Wasser sei ruhig!"

Da stürmte es nicht mehr. Das Wasser war glatt wie zuvor. Das Schiff wurde nicht mehr hin und her geschaukelt. Die Jünger hatten keine Angst mehr. Jesus war ja bei ihnen im Boot.

Nachdem der Pfarrer die Geschichte erzählt hatte, haben sich alle im kleinen Kreis zusammengesetzt. Erwachsene und Kinder haben erzählt, wie sie einmal Angst hatten. Zuerst haben zwei Kinder erzählt, dann auch die Großen. Auch Christines Vater und Mutter. Alle hatten schon einmal Angst. Christine hörte ganz aufgeregt zu. Sie hatte immer gedacht, dass nur kleine Kinder Angst hätten. Nein, auch die Großen!

Danach spielten alle gemeinsam die Geschichte von Jesus und den Jüngern. Einige machten mit verschiedenen Instrumenten den Sturm nach, andere mit großen Tüchern die Wellen. Das war ein Furcht erregender Lärm.

Christine wusste nicht, wer das Zeichen gab. Plötzlich aber brach der Lärm ab. Alle lauschten. Es war ganz still. Dann begann der Kinderchor leise zu singen: „Ich bin bei euch alle Tage, seid nicht bang, ich bin bei euch alle Tag' und Nächte lang, spricht der

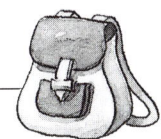

Herr." Immer mehr Menschen sangen mit, zum Schluss sogar im Kanon. Christine kannte das Lied vom Kindergottesdienst. Aber sie fand es schön, dass heute auch die Großen mitsangen. Auch ihr Vater und ihre Mutter.

Karl Foitzik, aus: Vorlesebuch „Erzähl mir vom Glauben",
Verlag Ernst Kaufmann, Lahr

Vom Staunen

Einmal fliegt ein Marienkäfer auf den Finger von einem Kind. Ganz still sitzt er da. Und das Kind hält seine Hand auch ganz still und sieht ihn immer nur an. „Mutti", ruft das Kind ganz leise, damit der Marienkäfer ja nicht erschrickt und davonfliegt.

„Ein Marienkäfer", sagt die Mutter. Sie freut sich mit dem Kind.

„Wo wohnt er?", fragt das Kind.

„Draußen im Garten", sagt die Mutter.

„Er kann richtig fliegen", sagt das Kind. Und es hält den Finger ganz ruhig.

„Ich kann nicht fliegen", meint das Kind. Und es sieht den Marienkäfer an. „Warum kann er das?"

„Weil Gott ihn so geschaffen hat", sagt die Mutter. „Gott will, dass er fliegen kann."

„Und krabbeln", sagt das Kind. Und es sieht dem Marienkäfer zu. Er krabbelt auf seinem Zeigefinger herum.

Dann fragt das Kind: „Was hat Gott noch geschaffen?"

„Alles", antwortet die Mutter. „Den Himmel und die Erde, die Sonne, den Mond und die Sterne, die großen Flüsse und die kleinen Bäche und das Meer, die Pflanzen und die Tiere ..."

„Und den Marienkäfer", sagt das Kind.

Da nickt die Mutter: „Er ist ja auch ein Tier!"

„Und die Elefanten", sagt das Kind. Elefanten mag es besonders gern.

„Und die Frösche, Bären, die Hunde und die Katzen ..." Das Kind weiß so viele Tiere, dass die Mutter immer nur noch nicken kann.

„Und die Dinosaurier", sagt das Kind. „Aber die sind leider schon alle gestorben!"

„Alle müssen einmal sterben", sagt die Mutter. „Dann holt Gott sie zu sich."

„Aber doch nicht gleich", sagt das Kind. Und es sieht dem klei-

nen Marienkäfer zu. Er sitzt jetzt wieder ganz oben auf seiner Fingerspitze.

„Du kannst wieder fliegen!" Da fliegt der Marienkäfer ganz schnell davon. Das Kind und die Mutter sehen ihm lange nach.

„Dich hat Gott auch geschaffen", sagt die Mutter dann. „Ja, da staunst du!"

„Dich auch!", sagt das Kind und drückt sich ganz fest an die Mutter. „Da staunst du aber auch!"

© Rolf Krenzer

Der Katzenranzen

Janine war sechs Jahre alt und schon fast ein Schulkind. „Ach", stöhnte sie, „wenn ich doch schon einen Ranzen hätte und wenn ich doch wüsste, wie er aussehen soll!"

Einmal, als sie mit ihrer Mutter durch die Stadt ging, blieb sie wie gebannt vor einem Schaufenster stehen. Da thronte doch mitten zwischen Schultüten, Schulheften und vielen bunten Stiften ein lustiger Schulranzen, ein „Katzenranzen". Mit großen Augen und offenem Mund staunte Janine. Ein Katzenranzen! So einen hatte sie noch nie gesehen, einen Schulranzen voller lustiger Katzenbilder! Von vorn bis hinten, von oben bis unten waren Katzen mit blauen und rosa Schleifchen zu sehen.

Von diesem Augenblick an wusste Janine, wie ihr Schulranzen aussehen sollte. „Mama", bettelte sie, „den wünsche ich mir."

Die Mama hatte es eilig und sagte schon fast im Weitergehen: „Gut, du bekommst einen Katzenranzen!"

Der Einschulungstermin rückte immer näher. Endlich ging Mama mit Janine in das Geschäft, in dessen Schaufenster Janine den Katzenranzen entdeckt hatte. Doch, oh weh, der Ranzen war nicht mehr da! Nun rannten Mama und Papa tagelang in der Stadt herum. Sie fuhren kreuz und quer, sie gingen in jedes Geschäft und fragten nach einem Ranzen mit Katzenbildern. Doch die Verkäuferinnen schüttelten ihre Köpfe und sagten so etwas wie: „Nein, solche haben wir nicht!", oder „Den bekommen wir erst im nächsten Jahr wieder herein!"

Enttäuscht antworteten die Eltern: „Dann ist es zu spät!"

Müde vom vielen Herumlaufen sagten sie zu ihrer Tochter: „Kind, aus deinem Katzenranzen wird nichts, du musst dir einen anderen aussuchen." Doch mit Tränen in den Augen schüttelte Janine ihren Kopf.

Am Abend rief die Oma an und wollte Janine sprechen. Noch ehe die Oma etwas sagen konnte, schluchzte Janine: „Oma, bald komme ich in die Schule und habe noch keinen Katzenranzen!" „Morgen besuche ich euch und bringe eine Überraschung mit!", tröstete Oma sie.

Und dann war Oma da mit einem Riesenpaket. „Du kannst es gleich öffnen!", schmunzelte sie. Janine riss ungeduldig das Papier auf. Und was kam heraus? Ein Katzenranzen! Genau der richtige! Die Katzen lachten Janine unternehmungslustig an, wie damals im Schaufenster.

Ilse Jüntschke

Nichts als Ärger

Es regnet und regnet. Die Regentropfen trommeln heftig gegen die Fensterscheibe. Karsten steht am Fenster und guckt hinaus. „So ein blödes Wetter", mault er. „Heute wollte ich mit Oliver Indianer spielen und ich sollte der Häuptling sein. Jetzt können wir nicht auf den Spielplatz."

„Karsten, komm endlich vom Fenster weg und zieh dich an!", ruft die Mutter ungeduldig.

„Ich will nicht, im Kindergarten ist es doof", murrt Karsten.

Die Mutter kümmert sich nicht um Karstens schlechte Laune. Sie hilft ihm in seinen Regenmantel und schickt ihn los. Unterwegs bummelt Karsten. Als er im Kindergarten ankommt, sind alle anderen Kinder schon eifrig beim Spielen. Jede Spielecke und jeder Tisch ist besetzt.

Unschlüssig steht Karsten da. Kein Kind fordert ihn zum Mitspielen auf, nicht einmal Oliver, mit dem er heute Indianer spielen wollte. Zusammen mit anderen Kindern baut er eine Burg.

Karsten ist ärgerlich. Der Kindergarten ist doch doof und Oliver ist gemein! Einfach mit den anderen zu spielen, wo sie doch heute verabredet waren!

Langsam geht Karsten in Richtung Bauecke. Niemand beachtet ihn. Als er ganz nahe an der Burg steht, tritt er mit einem Fuß leicht dagegen. Es kracht und poltert; die Burg stürzt zusammen. Es gibt einen fürchterlichen Lärm.

Karsten zuckt zusammen, springt einen Schritt zurück und hält sich vor Schreck die Ohren zu. Das hat er nicht gewollt. Die Jungen von der Bauecke stürzen sich mit lautem Gebrüll auf Karsten und verprügeln ihn. Sie sind furchtbar wütend auf ihn. Karsten schreit und kann sich nicht wehren.

Frau Müller, die Erzieherin, kommt angelaufen. Mit viel Mühe bringt sie die Kinder auseinander. Da stehen sie sich nun mit hochroten Köpfen gegenüber. Sie sind völlig außer Puste. Karsten weint noch immer. Saras Augen blitzen vor Wut. „Bist du blöd!", sagt sie. „Unsere schöne Burg!"

„Wir haben so viel Arbeit gehabt!", schimpft Oliver.

„Du hebst die Bausteine alle wieder auf!", ruft Julia.

Alle gucken Karsten böse an. Karsten kann es nicht mehr ertragen. Er rennt aus dem Gruppenraum. Frau Müller geht hinterher.

„Was ist da denn passiert?", fragt sie und nimmt ihn in den Arm. Langsam beruhigt sich Karsten.

„Weil der Oliver mich nicht mal angeguckt hat", erzählt er stockend. „Und wir wollten doch heute Indianer spielen!"

„Und da bist du an die Burg gestoßen, damit er dich anschaut?", sagt Frau Müller und lächelt. Karsten nickt.

„Aber ich wollte sie nicht kaputt machen!", erklärt er.

„Jetzt gehen wir rein und bauen die Burg zusammen wieder auf", schlägt Frau Müller vor. „Einverstanden?"

„Einverstanden!"

Alle Kinder helfen mit, die eingestürzte Burg wieder aufzubauen. Sie sieht jetzt zwar ein wenig anders aus als zuvor, aber alle sind zufrieden.

„Du, Karsten", fragt Oliver am Schluss, „wollen wir noch eine Burgfahne basteln? Du darfst die Farben aussuchen."

„Au ja", sagt Karsten, „blau und rot!"

Frau Müller lächelt, als sie bald darauf die beiden Freunde emsig am Basteltisch werken sieht.

Ilse Jüntschke
Aus: „Wir könnten Freunde sein." Rechte bei der Autorin

Neuanfang–
Wenn wir die Türen weit öffnen

Ideenbörse

Gemeinsam beginnen

* Ein Gottesdienst zum Anfang S. 101
* Der erste Elternabend S. 107

Spiele zum Kennenlernen

* Dinge vertauschen S. 74
* Schattenraten S. 74
* Personen erraten S. 74
* Stimmen erkennen S. 75
* Wir sehen alle verschieden aus S. 75

Gemeinschaft erleben

* Spiele für drinnen und draußen S. 72
* Freundschaften schließen S. 87
* Kindergeburtstag S. 92

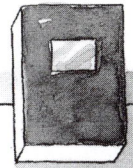

Zum Vorlesen

* Die Geschichte von der Apfelinsel S. 111
* Lasst die Kinder zu mir kommen S. 113
* Die verschlossene Tür S. 115

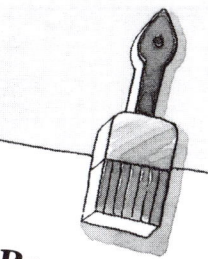

Basteln

* Das Freundschaftsband S. 91
* Bastelideen für die „Freudekiste" S. 98

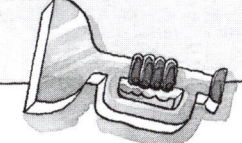

Lieder

* Seid willkommen S. 67
* Sieh, für mich S. 73
* Menschenbrückenlied S. 76
* Wir grüßen dich S. 78
* Wir wollen miteinander gehn S. 78
* Ich hab eine Hand S. 80
* Wir öffnen jetzt das Taubenhaus S. 82
* Lied der Maoris S. 89
* Am Himmel geht ein Feuer an S. 94
* Wenn ein Kind Geburtstag hat S. 95
* Lasst die Kinder S. 103
* Schwarze, Weiße S. 105

Vor einer alten Tür...

Nach langen Jahren stehe ich nun wieder vor dir, du vertraute, alte Tür aus Kindertagen.

Oft kam ich als kleiner Junge mit Herzklopfen hierher. Anfangs musste ich mich strecken und ganz nach oben langen, um deine Klinke zu erreichen. Und wie schwer warst du! Es gehörte schon Kraft dazu, dich zu bewegen, dich zu öffnen.

Du liebe alte Tür! Man sollte dich neu streichen. Viel Farbe hast du in all den Jahrzehnten verloren. Vielleicht, so denke ich, während meine Hand über dich gleitet, trägst du sogar noch den Vorkriegsanstrich – alte Qualitätsfarbe. Doch nun blättert sie ...

Noch genauso wie damals ziert dich ein schönes, in Stein gemeißeltes Motiv: vier Knospen, drei Blüten in der Mitte des Torbogens. Jahre haben sie fast unbeschadet überstanden. Heute lese ich dieses steinerne Motiv als Hoffnungssymbol. Für viele andere jedoch zerbrachen, zerstoben Träume und Hoffnungen.

Du liebe altvertraute Tür! Mal ging ich bang, mal ging ich froh durch dich hindurch. Hier war für mich der Zugang zu vielem Neuen, zu ungewohnten, zu schönen Erfahrungen – Begegnungen mit anderen Kindern, mit Lehrerinnen und Lehrern vom ersten Schultag an.

An der Eingangsseite hängen nun andere Schilder – in polnischer Sprache. Sie weisen darauf hin, dass hier sowohl eine Grundschule wie auch eine Kindertagesstätte untergebracht sind.

Ich öffne dich, vertraute Tür, ein wenig: Wie damals dringt Kinderlärm an mein Ohr, Rufen, Lachen, Singen.

Jetzt drängen ein paar Kinder heraus, fast rennen sie mich um. Was sie einander zurufen, verstehe ich nicht. Aber ich sehe ihr Lachen, höre den Klang der Stimmen. Sie haben es eilig, nach Hause zu kommen.

So bin ich auch oft nach Hause gestürmt, besonders schnell an Tagen des Ferienanfangs.

Du liebe alte Tür! Zum sommerlichen Fest schmückten wir dich. Heute streiche ich mit der Hand über deine blätternde Farbe. Du bist für mich eine wichtige Tür – lebenslang. Wer weiß, ob ich noch einmal hierher komme. Du, meine erste Schultür, dich vergesse ich nicht. Hunderte, tausende anderer Türen bin ich durchschritten, habe sie geöffnet oder wieder geschlossen.

Du liebe altvertraute Tür lässt so viele Bilder in mir aufsteigen,
reiche Bilder der Erinnerung, solche von hellen und dunklen
Tagen. Mögest du nun anderen Neues und eine Zukunft in
Frieden eröffnen.

Wolfgang Longardt

Seid will-kom-men hier im Haus, geht bald
fröh-lich ein und aus, unter un-serm Dach ist's schön: Viel zum
Spie-len ist zu sehn. *(Kehrvers)* Es gibt
vie-les zu ent-de-cken: Spiel und Spaß an al-len E-cken, mit Ver-
klei-den, Tanz und Lied im-mer Neu-es hier ge-schieht!

Für euch ist geschmückt die Tür,
neue Freunde warten hier.
Klopft das Herz auch jetzt noch bang,
freuen soll euch der Gesang: *(folgt Kehrvers: „Es gibt vieles …")*

Neu im Kindergarten sein,
froh begrüßt von Groß und Klein,
kommt, es wird euch gut gefallen,
frohe Lieder solln erschallen: *(folgt Kehrvers: „Es gibt vieles …")*

Text und Melodie: Wolfgang Longardt © Verlag Ernst Kaufmann, Lahr

Was die anderen erzählen

In wenigen Wochen kommen neue Kinder zu uns in den Kindergarten. Bei der Anmeldung konnten sie schon ein wenig das neue Haus, in dem sie bald eine Zeit lang Gast sein werden, anschauen: Die gemütlichen Gruppenräume, die Bewegungshalle, den Waschraum mit den kleinen Waschbecken und Toiletten, den großen Spielplatz mit den vielen Büschen zum Verstecken, den Bäumen zum Klettern, dem Sandkasten zum Buddeln und vieles mehr. Auch neue Gesichter sind den Kindern an diesem Tag begegnet, neue Erwachsenengesichter und natürlich viele, viele Kindergesichter.

Aus den Äußerungen der Eltern habe ich den Wunsch herausgehört, dass die Kinder hier in diesem Kindergarten viele Freunde finden mögen. Es ist ganz wichtig, dass Kinder schnell einen guten Kontakt zu anderen Kindern bekommen, dass sie bald einen neuen Freund, eine Freundin finden, in deren Nähe sie sich vertrauter und sicherer fühlen können, mit denen sie gemeinsam das „Neue" erkunden können, mit denen sie spielen, lachen, tanzen und auch mal streiten können – und sich natürlich wieder vertragen. Mit einem Freund, einer Freundin zusammen ist ein Kind nicht unglücklich und das Fernsein vom vertrauten „Elternnestchen" fällt ihm leichter.

Freunde zu finden ist ein lebenslanger Lern- und Arbeitsprozess. Das wissen auch wir Erwachsenen. In den Jahren der Kindergartenzeit erfahren und erspüren die Kinder, dass man sich Freundschaften nicht erkaufen kann und sie sich auch nicht erzwingen lassen. Wie oft habe ich aus Kindermund schon Sätze gehört wie: „Wenn du mir nichts abgibst, bist du nicht mehr meine Freundin!" Oder: „Du darfst hier nicht mitspielen!" – „Wenn du das jetzt nicht machst, suche ich mir einen anderen Freund!" Bei dieser Art von großem und kleinem Kummer mit Freunden und Freundinnen bedürfen die Kinder der Hilfe der Erwachsenen, um zu erfahren und zu erleben, wie schön es ist, sich wieder zu vertragen.

Kinder sehen und erleben täglich, wie Erwachsene miteinander umgehen, wie sie sich helfen, wie sie miteinander sprechen, wie sie sich Freude bereiten oder auch, wie sie Konflikte austragen. In der Freundschaft erleben Kinder – genau wie Erwachsene – immer wieder Augenblicke des Glücks und der tiefen Zufriedenheit und Freude. Manchmal erkennen Kinder ihre

Freunde nicht. Der Peter, der so hilfsbereit ist und damit zeigen will, wie gern er den Martin hat, wird von ihm nicht wahrgenommen. Martin spielt nicht mit ihm, fasst ihn im Kreis nicht an, und das macht den Peter traurig. Da bedarf es schon einer guten Beobachtung unsererseits, um hier Hilfestellung geben zu können, um das „Nebeneinander" in ein „Miteinander" zu verwandeln.

Kinder brauchen Bilder, um zu erschauen, wie ein großes „Miteinander", ein großer Freundeskreis aussehen kann. Deshalb ist es bei uns üblich, mit den Fotos der „Neuen" gemeinsam ein Freundesmobile zu gestalten, das uns in der gesamten Kindergartenzeit begleitet und wachsen kann, wenn neue Freunde dazukommen. Mit Geschichten, Bilderbüchern, Märchen, Liedern, biblischen Erzählungen und vielen Kontaktspielen öffnen wir die inneren Türen der Kinder für Freundschaften, für die Eigenarten und die Persönlichkeit anderer, für Zuneigung und Miteinander. Gemeinsam zu singen, zu spielen, zu essen, Feste zu feiern, zu beten, fröhlich zu sein, aber auch Enttäuschungen ertragen und bewältigen zu lernen, wird dazu beitragen, dass sich tiefe Freundschaften unter den Kindern entwickeln, die auch über die Kindergartenzeit hinausgehen können. Wir Erwachsenen im Kindergarten sollten die Kinder auf diesem Weg der Freundschaftssuche intensiv begleiten.

Renate Balke

Wenn die Neuen kommen

Nicht nur für die Kinder, auch für die Eltern ist die Aufnahme eines Kindes in den Kindergarten von besonderer Bedeutung. Es ist daher notwendig, zwischen Elternhaus und Kindergarten eine Vertrauensbasis zu schaffen. Vertrauen kann wachsen, wenn Eltern und Erzieherinnen von der ersten Begegnung an offen miteinander umgehen.

Die Anmeldung: Der erste gegenseitige Kontakt entsteht in der Regel bei der Anmeldung. Die Kindergartenleiterin bzw. der Kindergartenleiter sollte sich für die ersten Fragen der Eltern oder des Kindes Zeit nehmen und bei dieser Gelegenheit den Eltern das pädagogische Konzept übergeben.

Die Wartezeit: In der Regel folgt eine lange Zeit des Wartens auf einen freien Platz. Während dieser Zeit haben die Eltern die Möglichkeit, das Konzept in Ruhe zu lesen, sich auf eine veränderte Familiensituation einzustellen und den Loslösungsprozess zu üben.
Schön wäre es, wenn für „die Neuen" Besuchszeiten im Kindergarten vereinbart würden. So könnten die Kinder ihren zukünftigen „Lebensraum Kindergarten" beschnuppern. Das erspart allen Beteiligten später einige Anfangsschwierigkeiten. Wenn solche Besuche aus personellen oder versicherungsrechtlichen Gründen nicht möglich sein sollten, könnte auch eine Einladung zu einem Kindergartenfest den Kindern die Möglichkeit geben, sich mit der Einrichtung vertraut zu machen.

Die Aufnahme: Die Zusage zur Aufnahme des Kindes sollte noch vor der Sommerpause erfolgen. Die Mitteilung muss präzise Angaben über die Aufnahmebedingungen enthalten und sollte dennoch nicht zu förmlich sein. Das aufzu-

nehmende Kind würde sich sicherlich sehr freuen und stolz darüber sein, wenn es zusätzlich zu der Mitteilung an die Eltern einen persönlichen Einladungsbrief erhielte. Das Kind sollte darin mit seinem Namen angesprochen werden. Die Gruppenleiterin sollte mit freundlichen Worten zum Ausdruck bringen, dass sie und die anderen Kinder sich schon auf das betreffende Kind freuen. Besonders schön wäre es, wenn dieser Brief an das Kind auch durch sein äußeres Erscheinungsbild zum Kindergartenbesuch motivierte. Wichtig ist es auch, dass Kinder bei dieser Gelegenheit schon den Namen ihrer Bezugspersonen erfahren, das baut Ängste ab.

WIR LADEN DICH
GANZ HERZLICH EIN,
KOMM DOCH ZU UNS
HEREIN

Liebe Ann-Kathrin,
am Montag, dem 1. August,
machen wir für dich und
viele neue Kinder unsere
Kindergartentür weit auf.
Wir freuen uns alle schon
sehr auf euch.
Bis Montag!
Deine . . . .

Wenn wir die Türen weit öffnen

Ein Kindergartenleiter berichtet

Unter diesem Motto wurden vor den Sommerferien die neuen Kinder eingeladen. Die Form des Einladungsbriefes stellte ein Haus dar. Wer die Tür, die mit einem Herz zugeklebt war, öffnete, entdeckte eine Einladung zum Kindergartenanfang. Auf die Rückseite des Hauses hatten die Kinder aus dem Kindergarten sich selbst gemalt.

Inzwischen haben alle „Neuen" ihren ersten Kindergartentag hinter sich gebracht. Aufmerksame Kinder entdeckten an der Wand des Gruppenraumes ein großes Papphaus, das dem ihres Einladungsbriefes sehr ähnelte. Bei diesem Haus stand die Tür einladend offen.

Heute früh brachte jedes Kind von sich ein Foto mit. Nachdem die Bilder gebührend bewundert worden waren, schnitten die Kinder – so gut es jedes konnte – aus Papier die Umrisse seiner Füße aus. Auf diese Fußsohlen klebten wir das mitgebrachte Foto. Dann versahen wir es mit Namen und Geburtsdatum des betreffenden Kindes. Zum Schluss heftete jedes Kind seine Fußsohlen an die Gruppenraumwand zum Kindergartenhaus hin. Meine Kollegin und ich taten es den Kindern gleich.

Nach getaner Arbeit besahen wir unser Werk. „Seht ihr", sagte

ich, „das sind wir. Wir alle gehören zusammen!" Dann faßten wir uns an den Händen und sangen das Begrüßungslied, mit dem wir tags zuvor schon die neuen Kinder begrüßt hatten (Seite 67), und danach ein Lied, das die älteren Kindergartenkinder schon kannten:

Sieh, für mich und für dich öff - nen

Tü - ren sich, das ist schön, das ist

schön, kannst du es ver - stehn?

Text und Melodie: Wolfgang Longardt

Spiele zum Kennenlernen

Dinge vertauschen

Alle Kinder sitzen im Kreis. Zwei Kinder verlassen den Raum und warten vor der Tür, bis sie wieder hereingerufen werden. Unterdessen vertauschen zwei Kinder untereinander verschiedene Dinge, entweder Hausschuhe, T-Shirts, Haarschleifen, Söckchen, Leggings oder Ähnliches.

Danach werden die zwei vor der Tür wartenden Kinder wieder hereingerufen. Sie müssen nun erraten, welche Kinder was untereinander ausgetauscht haben. Das ist spannend und macht allen Spaß.

Sind die Kinder und die vertauschten Dinge erraten, gehen zwei andere Spieler vor die Tür und das Spiel beginnt von vorne.

Dieses Spiel fördert den Gemeinschaftssinn und die Beobachtungsgabe. Wichtig ist, dass jeweils zwei Kinder am Spiel beteiligt sind. So steht nicht ein einzelnes Kind unter Erfolgszwang und die beiden Kinder können sich miteinander beraten.

Schattenraten

Wir brauchen:
Bettlaken
oder Leinwand,
Lampe
oder
Dia-Projektor

Ein Betttuch wird aufgespannt und mit einer Lampe (Dia-projektor) angestrahlt. Die eine Hälfte der Kinder sitzt vor der Leinwand, die andere befindet sich dahinter. Die Kinder hinter der Leinwand bewegen sich nacheinander so zwischen Lampe und Leinwand, dass sie einen deutlichen Schatten werfen. Die Kinder vor der Leinwand sollen erkennen, wer es ist. Dann wird gewechselt.

Personen erraten

Wir brauchen:
Eine Trennwand
oder Decke

Fünf Kinder werden hinter einer Trennwand oder Decke versteckt. Jedes Kind streckt einen Arm oder ein Bein heraus. Die anderen Kinder müssen die versteckten Personen erraten.

Stimmen erkennen

Die Kinder sitzen im Kreis und halten die Augen geschlossen. Die Erzieherin flüstert einem Kind einen kurzen Satz ins Ohr. Das Kind wiederholt diesen laut und die Gruppe muss erraten, wessen Stimme sie gehört hat.
Veränderung: Die Stimmen der Kinder werden auf eine Tonkassette aufgenommen und den Kindern vorgespielt. Die Kinder müssen erraten, welche Stimme welchem Kind gehört.

Wir sehen alle verschieden aus!

Jedes Kind bringt ein Foto von sich mit. Die Fotos werden nach Merkmalen zu Gruppen geordnet: Geschlecht, Größe ... Die Kinder haben die Möglichkeit, selbst Unterscheidungsmerkmale zu nennen.
Es wird darüber gesprochen, wie sich die Gruppenzusammensetzung immer verändert: Dass Kinder, die hinsichtlich eines Merkmals gleich sind, sich in anderen Merkmalen wieder unterscheiden.

Wir brauchen:
Ein Foto
von jedem Kind

75

Lieder zur Begrüßung

Menschenbrückenlied

Dm

Ge - mein - sam hier in un - serm Kreis kann

B   F   Gm

je - der je - den sehn und je - der sieht und

Dm   A⁷   Dm

je - der weiß, dass wir zu - sam - men stehn - lai

B   F   Gm

lai lai lai lai lai lai lai lai lai lai lai lai

Dm   Gm   Dm

lai und je - der sieht und je - der weiß, dass

A⁷   Dm

wir zu - sam - men stehn.

Wir reichen uns die Hände dann
und können sicher sein:
Fasst einer nur den andern an,
ist keiner mehr allein.

Wir stehn nicht mehr alleine hier,
und jeder spürt es bald:
Auf beiden Seiten finden wir
im andern unsern Halt.

Fühl ich mich schwach und hoffnungslos,
so halt ich dich doch fest.
Wir werden stark, wenn einer bloß
den andern nicht verlässt.

Wenn so ein Stück der Angst vergeht,
weil jeder jeden schützt,
dann weiß ich, dass ein Bund entsteht,
der hält und der mich stützt.

Wenn immer mehr zusammengehn
ist keiner mehr allein.
Der alte Bund kann so bestehn
und neuer Anfang sein.

Spielvorschlag

Ein Kreislied, das gegen die Angst und gegen all das, was um uns
herum geschehen kann, gesungen wird.
Wir nehmen uns an den Händen, legen die Arme um die
Schultern, gehen eng bis zur Mitte des Kreises zusammen und
wieder auseinander. Wir schreiten im Kreis, tanzen, laufen
schnell, wobei wir uns gegenseitig stützen.
Zum Schluss drehen wir uns um, so dass wir nach außen sehen.
Wir fassen uns an den Händen, lassen sie dann los, um denjeni-
gen, die vor uns stehen, die Hände zu reichen und sie mit in den
Kreis hineinzuführen. So wird der Kreis immer größer.

Text: Rolf Krenzer, Melodie: Detlev Jöcker, aus: Buch, CD und MC „Viele kleine Leute".
Alle Rechte im Menschenkinder Verlag, 48857 Münster

Wir grüßen dich

Ja - na, Ja - na, wir grü - ßen dich!

Gu - ten Tag, gu - ten Tag, gu - ten Tag.

Text und Melodie: Ilse Jüntschke

Dieses Begrüßungslied ist sehr eingängig und kann schon von den jüngsten Kindern schnell mitgesungen werden.
Es eignet sich besonders gut zum Kennenlernen der neuen Kinder.
Mit jeder Wiederholung wird der Name eines anderen Kindes benannt.

Wir wollen miteinander gehn

Wir wol - len mit - ein - an - der gehn und

sin - gen un - ser Lied. Lass

uns doch nicht al - lein hier stehn und

komm doch bit - te mit. Und komm und komm und

komm doch bit - te mit. Und komm und komm und

komm doch bit - te mit.

Wir wollen miteinander gehn,
und willst du bei uns sein,
dann bleibe nicht am Rande stehn,
und du bist nicht allein.
Und du, und du,
und du bist nicht allein.

Ich bitte dich, wenn ich dich seh,
bleib ganz nah neben mir,
damit ich nicht alleine geh
und dich ein bisschen spür.
Und dich, und dich,
und dich ein bisschen spür.

Alt-
Glockenspiel
ab Takt 5:
Alt-
Xylophon

Text: Rolf Krenzer, Melodie: Ludger Edelkötter, aus: „Ich gebe dir die Hände" (IMP 1017).
Alle Rechte Impulse Musikverlag Ludger Edelkötter, 48317 Drensteinfurt

Ich hab eine Hand!

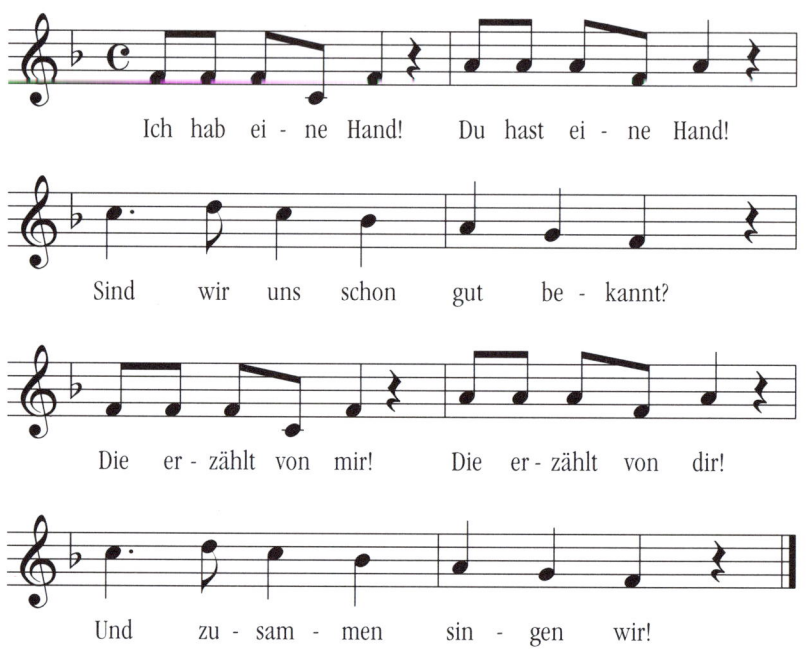

Ich hab ei - ne Hand! Du hast ei - ne Hand!

Sind wir uns schon gut be - kannt?

Die er - zählt von mir! Die er - zählt von dir!

Und zu - sam - men sin - gen wir!

Du, ich spüre dich, und du spürst auch mich,
allein auf der Welt wär's fürchterlich!
Schaut, wer noch allein: Jesus lädt uns ein,
wir könn' alle Freunde sein!

(– es folgt ein achttaktiges „Amen – Amen ..."")

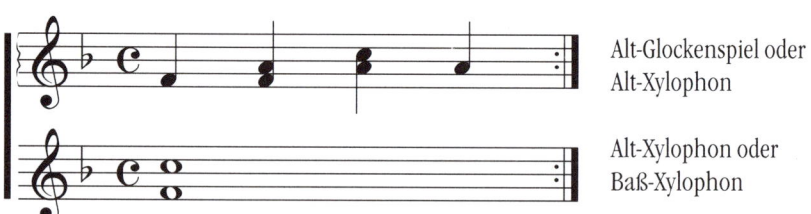

Alt-Glockenspiel oder
Alt-Xylophon

Alt-Xylophon oder
Baß-Xylophon

Text: Wolfgang Longardt, Melodie: nach einem Gospel-Motiv.

Gemeinschaft erleben

Bis zum Eintritt in den Kindergarten leben die meisten Kinder in gewohnter, vertrauensvoller Umgebung mit den Eltern. Die Trennung aus dieser familiären Geborgenheit stellt an sie hohe Anforderungen, insbesondere an Einzelkinder. Im Gegensatz zur Familie, in der sie oft im Mittelpunkt stehen, erfahren sie im Kindergarten häufig erstmals soziales Zusammenleben innerhalb einer oder gar mehrerer Gruppen. Die Kinder kommen als „Neue" in eine altersgemischte Gruppe, in der einige Kinder als „alte Gruppenhasen" sich gut auskennen und ihren Platz behaupten.

Das Integrieren der neuen Kinder stellt an die Erzieherinnen und Erzieher immens hohe Anforderungen und ist nur mit einem sehr einfühlsamen pädagogischen Geschick zu bewältigen. Die „alten" Kinder, deren Gruppengefüge durch den Fortgang der Schulanfänger gestört wurde, müssen sich neu orientieren. Deshalb ist es ist sinnvoll, die „alten" Kinder schon vorab in die Überlegungen der Erzieherin hinsichtlich des Einlebens der „Neuen" einzubeziehen. Dabei entwickeln sie als „große Helfer" vielleicht ein Gefühl der Mitverantwortung und zeigen Ver-ständnis dafür, dass die „Neuen" für einen kurzen Zeitraum be-sondere Zuwendung erhalten.

Das Miteinanderleben und -lernen innerhalb einer neuen Gruppe muss sich erst langsam entwickeln.

Eine gute Möglichkeit, ohne Beistand der Erwachsenen Kontakt zu anderen Kindern herzustellen, bieten offene Spiele im Freien. Doch zu dieser spontanen Kommunikation benötigen neu hinzukommende Kinder schon ein gewisses Selbstvertrauen. Für stille und gehemmte Kinder sind Kreis-, Bewegungs- und Tanzspiele besonders gemeinschaftsfördernd und bieten eine gute Gelegenheit, in eine bestehende Gruppe hineinzuwachsen. Beim gemeinsamen Singen, Bewegen und Spielen erlebt sich das Kind in der Gruppe. Es erfährt einerseits seine Möglichkeiten, auf die Gruppe Einfluss zu nehmen, andererseits auch, sich in eine Gruppe einzufügen. Es fühlt sich von der Gruppe getragen und emotional angesprochen. Da alle Kinder von Natur aus einen ausgeprägten Bewegungsdrang haben, nehmen Bewegungs- und Laufspiele auf den sozialen, affektiven und kognitiven Entwicklungsprozess des Kindes einen großen Einfluss.

Spiele für drinnen und draußen

Wir öffnen jetzt das Taubenhaus

Alle:

Wir öff - nen jetzt das Tau - ben - haus, die

Täub - chen sie flie gen so froh hi - naus, sie flie - gen ü - bers

wei - te Feld, wo's ih - nen gar so wohl ge - fällt. Und

keh - ren sie heim zur gu - ten Ruh, so

schlie - ßen wir schnell un - ser Tau - ben - haus zu. Und

hörst du sie dann, so er - zäh - len sie sich, wie's

drau - ßen im Frei - en so won - nig - lich ist.

Täubchen:

Ru - cku, Ru - cku, die Tür ist jetzt zu!

Die Kinder bilden einen engen Kreis, in dessen Mitte einige „Tauben" hocken. Das „Taubenhaus" wird während des Gesanges durch Rückwärtsschritte geöffnet. Die Arme der Kinder werden dabei hoch gehoben, so dass die Tauben ausfliegen können. Sie entfernen sich vom Kreis, unterstreichen ihr „Fliegen" mit Armbewegungen und kehren dann in das „Taubenhaus" zurück, das wieder geschlossen, d. h. verkleinert wird. Dort singen sie dann ihren Vers.

Der Plumpsack geht um

mindestens 10   *Zahl der*
                                                          Mitspielenden

Taschentuch, Schal oder Mütze   *Spielausrüstung*

Mindestens 10 Kinder, mit Ausnahme vom Plumpsack, stehen im Kreis. Der Plumpsack geht dabei mit einem verknoteten Taschentuch in der Hand um den Kreis herum und sagt folgende Worte:
„Dreht euch nicht um, der Plumpsack geht um!
Wer sich umdreht oder lacht, dem wird der Buckel blau gemacht."
Während seines Rundganges lässt der Plumpsack das Taschentuch heimlich hinter einem Kind fallen. Dieses muss das Tuch blitzschnell aufheben und den Plumpsack um den Kreis verfolgen, der sich wiederum in die soeben entstandene Lücke retten muss. Schafft er das nicht, so bleibt er weiterhin Plumpsack.
Der Plumpsack hat es dabei gar nicht leicht, denn einerseits ist er bestrebt, das Taschentuch unbemerkt fallen zu lassen (er kann also nicht gleich losrasen!), andererseits muss er voll auf seine Verfolgung gefasst sein.

Das faule Krokodil

Ein Kind, das Krokodil, liegt am Boden und versucht, auf dem Bauch liegend die anderen Kinder zu fassen. Ein Unterarm darf aufgestützt werden. Dabei sagt es immer wieder den Vers auf:

„Ich bin das Krokodil
und fresse gern und viel
und liege meist mit Wonne
faul hier in der Sonne.
Doch wenn du mir zu nahe kommst – dann lauf,
sonst fress ich dich mit Haut und Haaren auf!"

Die anderen Kinder umspringen und umhüpfen das Krokodil. Sie müssen aber aufpassen, dass sie von ihm nicht erwischt werden. Wer gefasst wird, spielt nun das Krokodil.

Hündchen bellen ...

Ein Kind geht vor die Tür. Ein zweites Kind wird unter einer Wolldecke versteckt. Das erste Kind kommt herein und bittet: „Hündchen, bell einmal!" Es muss raten, wer unter der Decke sitzt.

Wer ist es?

Viel Spaß macht es, einem Kind mit verbundenen Augen zwei Kochlöffel zu geben, mit denen es einen anderen befühlen und raten muss, wer es ist.

Kim-Spiele

Verschiedene Gegenstände werden auf den Tisch, auf den Schoß oder auf ein Tablett gelegt. Die Kinder sehen sie sich eine Minute lang an. Dann wird alles zugedeckt und die Kinder müssen nun entweder aufzählen, was alles zu sehen war, oder sie müssen sagen, nachdem wieder aufgedeckt wurde, welcher Gegenstand fehlt (man nimmt ein Teil fort) oder welcher Gegenstand dazu gekommen ist. Es gibt viele Möglichkeiten zu vari-

ieren. Man kann z. B. auch duftende Gegenstände unter die Nase halten, die dann benannt werden müssen (auch schmecken lassen).

Hänschen piep einmal!

Ein Kind mit verbundenen Augen setzt sich einem anderen auf den Schoß und muss an dem „Piep" des anderen raten, wer es ist.

Dieb und Wächter

Ein „Schatz" liegt in der Mitte. Ein Kind geht hinaus (Dieb). Im Kreis wird ein Kind als „Wächter" bestimmt. Der Dieb kommt, schleicht um den Schatz herum und wenn er zufasst, muss der Wächter den Dieb packen.

Schuhe sortieren

Alle Kinder ziehen ihre Schuhe aus und tun sie in die Mitte. Rechts und links kniet ein Kind mit verbundenen Augen. Jedes muss versuchen, so viel zusammenpassende Paare wie möglich zu finden. (Evtl. Zeit abstoppen).

Wettrennen

Zwei oder mehrere Kinder bekommen einen Kochlöffel, auf dem eine Kartoffel liegt. Wer erreicht als erstes das Ziel, ohne dass die Kartoffel herunterfällt?

Büchsenwerfen

Wir stellen sechs Büchsen übereinander (in die unterste Reihe drei, in die nächste zwei und ganz oben eine) auf ein Brett, das auf zwei Stühlen aufliegt. Jedes Kind hat drei Würfe mit einem festen Stoffball. Wer die meisten Büchsen trifft, so dass sie herunterfallen, hat gewonnen.

Jakob und Jakobinchen ...

Zwei Kinder mit verbundenen Augen. Eins ruft: „Jakob oder Jakobinchen, wo bist du?", und versucht, das andere zu fangen. (Entweder im Kreisinnern oder um den Tisch herum).

Hindernislauf

Auf einer abgesteckten Strecke stellen wir Hindernisse auf (einen Reifen, durch den man schlüpfen, einen Stuhl, über den man steigen muss usw.). Wer ist zuerst am Ziel?

Zielwerfen

Ein leerer Eimer oder Papierkorb wird in angemessener Entfernung aufgestellt. Jedes Kind hat drei Würfe. Wer trifft am meisten?

Büchsenwettlauf

Wir brauchen für jedes mitspielende Kind drei Büchsen: Auf zwei Büchsen steht das Kind, die dritte stellt es vor sich und tritt darauf. Nun kann es die frei gewordene Dose vor sich stellen und darauf treten usw. Wer ist zuerst am Ziel?

Topfschlagen

Ein Topf, unter dem sich eine kleine Überraschung befindet, wird in die Mitte gestellt. Ein Kind bekommt einen Stock in die

Hand. Dann werden ihm die Augen verbunden. Nachdem es sich zur Irreführung ein paar Mal um sich selbst gedreht hat, muss es so lange mit dem Stock auf den Boden schlagen, bis es den Topf gefunden hat.

Sackhüpfen

Zum Sackhüpfen brauchen wir vier oder fünf saubere Jutesäcke. Die Kinder steigen hinein und halten die Sackränder oben fest. Hüpfend versuchen sie das Ziel zu erreichen. Wer unterwegs den Sack verliert, scheidet aus.

Angeln

Wir brauchen dazu mehrere Papphüte mit einem Drahtring und Angeln, die vorne einen Haken haben. Die Papphüte werden im Sandkasten verteilt. Vom Rand aus versuchen die Kinder sie zu angeln.

Freundschaften schließen

„Willst du meine Freundin bzw. mein Freund sein?", ist eine unter Kindergartenkindern häufig gestellte Frage. Eine Freundin oder einen Freund zu haben, ist für Kinder von großer Bedeutung und hilft, die Anfangsschwierigkeiten schneller zu überwinden. Wie viel leichter geht ein Kind in den Kindergarten, wenn es weiß: Dort wartet jemand auf mich!

Doch nicht alle Kinder finden den gewünschten Anschluss. Für diese Kinder ist es schlimm, wenn der Wunsch nach einer Freundin oder einem Freund unerfüllt bleibt. Wie schnell wird ein isoliertes Kind zum Außenseiter! In der Phase der ersten Kontaktaufnahme ist deshalb jedes Kind intensiv zu beobachten, um gegebenenfalls geeignete Orientierungshilfen geben zu können.

Eine gute Möglichkeit, Kinder aufeinander zugehen und Freundschaften langsam wachsen zu lassen, bieten gemeinsam vorbereitete Feste, wie z. B. Kindergeburtstage. Die Freude am gemeinsamen Tun bringt Nähe und ermöglicht eine zwanglose Kontaktaufnahme. Orientierungshilfen können darüber hinaus Geschichten oder auch Gedichte sein, wie z. B. das folgende. Themenbezogene Texte geben jedem Kind individuell die Chance, seinen eigenen Standort zu erkennen und eventuell im Gespräch oder spontanen Rollenspiel zu klären.

Freunde und Freundinnen

Freunde sind wichtig und Freundinnen auch,
zum Wispern und Tuscheln,
zum Weinen und Lachen
und ganz viel Unsinn machen.

Freunde sind wichtig und Freundinnen auch,
zum Tollen und Toben,
zum Rennen und Raufen,
und barfuß übers Stoppelfeld laufen.

Freunde sind wichtig und Freundinnen auch,
zum Burgen bauen
und Purzelbaum schlagen
und ein Geheimnis nicht weitersagen.

Freunde sind wichtig und Freundinnen auch,
auf sie kannst du bauen,
wenn keiner an dich glaubt,
heute, morgen und überhaupt …

Ilse Jüntschke

Lied der Maoris

Mit dem folgenden Lied der Maoris aus Neuseeland werden Freunde begrüßt.
Der Vers wird mehrere Male durchgesungen. Man beginnt langsam und steigert seinen Rhythmus mit jeder Verswiederholung. Die schwungvolle Steigerung soll zum Ausdruck bringen, wie groß die Freude über den Besuch des Freundes ist.
Dieses Lied aus Neuseeland macht Kindern und Erwachsenen gleichermaßen Spaß, obwohl niemand den Text versteht. Die schwungvolle Melodie im Klang der fremdartigen Sprache vermittelt Freude.

E - po   i tai tai   e,   o   e - po   i tai tai

e,   e - po   i   tai tai   e - po   i tu - ki tu - ki

e - po   i tu - ki tu - ki   e!

Text und Melodie: Trad./Neuseeland
Aus: „Laßt uns zusammen im Kreis rumgehn",
Worpsweder Musikwerkstatt,
Am Hasenmoor 23

Im Morgenkreis haben die Kinder den Vorschlag gemacht, ein Geschenk für Freunde herzustellen. Gemeinsam wollen wir nun ein Freundschaftsband für unseren Freund bzw. unsere Freundin flechten. Während des Flechtens entwickelt sich folgendes Gespräch zwischen zwei Kindern und der Erzieherin.

Tim:	Ich flechte mein Freundschaftsband für Anna, weil Anna meine allerbeste Freundin ist.
Sven:	Anna ist blöd!
Tim:	Gar nicht wahr, Anna ist nicht blöd. Du bist blöd!
Erzieherin:	Warum findest du denn die Anna blöd, Sven?
Sven:	Weil Anna mir heute Morgen die Zunge rausgestreckt hat. Und dann durfte ich in ihrer Bude nicht mitspielen.
Tim:	Ja genau, du solltest auch nicht mitspielen, weil du immer der Chef sein willst. Wenn Freunde zusammen spielen, dann muss nämlich keiner der Chef sein!
Sven:	Aber die Anna sagt auch immer, wie wir die Bretter aufbauen sollen, die will nämlich der Chef sein!
Tim:	Anna weiß auch am besten, wie man eine Bude baut. Die hat das schon von ihrem großen Bruder gelernt, der ist schon elf und der ist auch mein Freund.
Sven:	Na und! Mein großer Bruder ist auch elf und der geht mit Annas Bruder zusammen zur Schule. Die sind nämlich auch Freunde.
Tim:	Ja? Wenn dein Bruder und Annas Bruder Freunde sind, dann kannst du ja auch Annas Freund sein!

Sven: Aber die Anna will mich ja nicht haben.

Tim: Weißt du was, ich frage die Anna jetzt mal, ob du
            auch mitspielen kannst. Ich bin doch ihr Freund
            und dann sagt sie bestimmt nicht mehr nein.

Sven: Na gut, dann kann ich ja auch ein Freundschafts-
            band für Anna machen. Dann sind wir beide Annas
            Freunde!

Tim: Au ja, dann wird sich Anna bestimmt freuen. Außer-
            dem ist es viel besser, wenn man viele Freunde hat.

Erzieherin: Da habt ihr beide ja eine richtige freundschaftliche
            Idee!

Bastelanleitung für ein Freundschaftsband

Wir benötigen drei Wollfäden von ca. 20 cm Länge. Mit einem Knoten werden die drei Wollfäden an einem Ende miteinander verbunden. Nun kann ein Freund oder eine Freundin das Knotenende festhalten und man beginnt zu flechten. Dabei wird der linke Faden über den mittleren gekreuzt, dann der rechte Faden über den mittleren.

Wenn man möchte, kann man zwischendurch noch verschiedene Perlen auf den mittleren Faden fädeln.

Zum Schluss macht man wieder einen Knoten, damit die Fäden sich nicht mehr lösen können. Das Freundschaftsband ist nun fertig und kann einem Freund oder einer Freundin um das Handgelenk gebunden werden.

*Wir brauchen:
dicke Wolle
in verschiedenen
Farben und
Perlen*

Nicola Balke-Ibba

Kindergeburtstag

Ein besonderes Ereignis für Kinder ist der eigene Geburtstag. Er spielt in seinem Leben eine große Rolle. Deshalb sollte jeder Kindergeburtstag so gefeiert werden, dass das Kind spürt: Ich bin allen viel wert. Dabei kommt es in erster Linie nicht auf große Geschenke an, sondern auf die Stunden der Vorfreude mit all seiner geheimnisvollen Vorbereitung und mit vertraut gewordenen Bräuchen. Die Erinnerung an das Erleben eines herausragenden Geburtstages begleitet uns oft ein Leben lang.

Vor allem für die „Neuen" im Kindergarten ist es ein ganz besonderes Ereignis, zum ersten Mal mit der Gruppe den eigenen Geburtstag zu feiern. Hier können wir sie spüren lassen, dass sie dazu gehören und wichtig sind.

Eine Erzieherin berichtet

Gestern haben wir Marens Geburtstag gefeiert. Sie ist neu in unserem Kindergarten und hat noch keinen Geburtstag innerhalb der Gruppe miterlebt.

Nachdem Maren von zwei Kindern an ihren geschmückten Tisch geführt wurde, überraschten wir sie zunächst mit unserem traditionellen Geburtstagskonzert (Seite 95). Danach konnte sie in aller Ruhe ihren kleinen Gabentisch bewundern. Auf dem Tisch leuchteten Kerzen, für jedes Lebensjahr eine. Daneben stand eine Vase mit Blumen aus dem Garten des Kindergartens. „Ich habe sie für dich gepflückt", flüsterte Julia ihr zu. Und dann entdeckte Maren noch ein kleines, liebevoll eingewickeltes Päckchen. Das Geschenkpapier hatten die Kinder selber bemalt. Neugierig schauten alle zu, als Maren das Geschenk auswickelte. Heraus kam eine aus einer Streichholzschachtel gebastelte Puppenwiege. Darin lag ein kleines von Müttern hergestelltes Wollpüppchen. Es hatte sogar ein Kleidchen an und Mini-Puppenkissen gab es auch. „Danke!", sagte Maren und strahlte über das ganze Gesicht. Jetzt ließen wir sie so richtig zünftig hochleben.

Nun hatten die Kinder alle einen Bärenhunger. An „normalen" Kindergartentagen wählen die Kinder selbst ihre Frühstückszeit und essen in der Cafeteria. Doch zu besonderen Anlässen decken wir eine „Festtafel" und frühstücken alle zusammen. Mit einem gemeinsamen Gebet begann unser Frühstück.

„Wir wollen alle fröhlich sein und Gott danken, dass wir heute mit Maren Geburtstag feiern können. Segne sie, Gott, und begleite sie durch diesen Tag. Amen."

Anschließend fragte ich Maren nach einem Liedwunsch. Doch sie wusste kein Lied und schüttelte nur stumm ihren Kopf. „Sollen wir dir ein Lied vorsingen?", fragte Julia. „Ja", hauchte Maren und ein Lächeln huschte über ihr Gesicht. „Wir wollen unser Lieblingslied singen!", rief Lalenya spontan. „Ja, ja, unser Bärengeburtstagslied", riefen andere. Ich hielt mich zurück, die Wahl des Liedes klärten die Kinder unter sich. Kurze Zeit darauf schallte es laut und fröhlich durch den Raum: „Am Himmel geht ein Feuer an!" Dieses Lied liebe ich genauso wie die Kinder. Die Melodie lädt zur wiegenden, schunkelnden Bewegung ein. Ganz automatisch fassten alle Kinder sich beim Singen um die Schultern und wiegten sich im Takt dazu. Maren schaute strahlend in die Runde und in ihren Augen gingen Lichter an.

Das Lied war kaum verklungen, da meinte Tobias: „Und nun muss Maren noch unsere bärenstarke Apfelbaumgeschichte hören!" „Na, die möchtest du wohl selber gerne hören", fragte ich Tobias. Er nickte strahlend. „Wir auch", riefen gleich mehrere durcheinander. „Und wie ist das mit dir, Maren?", fragte ich sie. „Oh, Maren, sag bitte ja", bettelte Janina. Maren stimmte zu und so hörten die Kinder ihre Lieblingsgeschichte (Seite 111). Unsere älteren Kinder kannten die Geschichte schon und sprachen stellenweise den Text mit.

Den ganzen Vormittag stand Maren im Mittelpunkt, und das genoss sie sehr. Mittags rannte sie Hand in Hand mit Julia zu ihrer Mutter. Ich schaute beiden hinterher und wünschte mir, dass sich zwischen den beiden eine Freundschaft anbahnen möge.

Am folgenden Tag brachte Maren Äpfel mit und versammelte einige Kinder um sich herum. „Wer spielt mit mir die Geschichte von den Bären?", fragte sie. Nach einigem Hin und Her und einer lebhaften Absprache spielte eine Gruppe in Eigenregie die Geschichte der „Apfelinsel" nach. Ich beobachtete die Kinder und staunte über Maren. Bisher habe ich sie sehr zurückhaltend erlebt. Aber heute ging sie aus sich heraus und versetzte sich unglaublich gut in die von ihr gewählte Rolle. Die Kinder waren so intensiv in ihr Spiel vertieft, dass ich ihnen keine zeitliche Grenze setzte.

Im Mittagskreis sagte ich den Kindern, wie gut mir ihr Spiel gefallen habe und fragte sie, ob sie Lust hätten, mit ihrem Rollenspiel einem Geburtstagskind aus einer anderen Gruppe eine Überraschungsfreude zu bereiten. Mit stolz geschwellter Brust und großer Vorfreude stimmten sie zu.

Am Him - mel geht ein Feu - er an, da
Kommt her und singt, kommt her und singt, dass

fängt ein Stern zu fun - keln an - Ge-
es durch al - le Stra - ßen klingt; Ge-

burts - tag, Ge - burts - tag,
burts - tag, Ge - burts - tag,

heu - te ist Ster - nen - tag!
heu - te ist Ster - nen - tag!

Die Bärin schläft und hält ganz warm
drei kleine Bären in dem Arm –
Geburtstag, Geburtstag,
heute ist Bärentag!
Kommt her und singt, …

Warm weht der Wind von Süden rauf,
nun gehen alle Knospen auf –
Geburtstag, Geburtstag,
heute ist Blättertag!
Kommt her und singt, …

Es summt und summt im Bienenhaus,
da schlüpfen tausend Bienen aus –
Geburtstag, Geburtstag,
heute ist Bienentag!
Kommt her und singt, …

Wisst ihr, wer heut Geburtstag hat
mit Stern und Biene, Bär und Blatt –
Geburtstag, Geburtstag,
heute ist *Steffis* Tag!
Kommt her und singt, …

Text und Melodie: Margarete Jehn
Aus: „Heut ist Sternentag", Worpsweder Musikwerkstatt

Wenn ein Kind Ge - burts - tag hat,

fin - det ein Kon - zert hier statt

und wir spie - len si - cher - lich

1. auf dem Xy - lo - phon für dich.
2. auf dem Glo - cken - spiel für dich.
3. das Me - tal - lo - phon für dich.
4. auf der Flö - te nur für dich.

Xylophon   Glockenspiel   Metallophon

Den Anfang des Liedes ändern wir jeweils ab, z. B.: Weil Maren
Geburtstag hat … usw.

Text: Lieselotte Holzmeister und Liselotte Rockel, Melodie: Liselotte Rockel
Aus: „Das zweite Liedernest", Fidula-Verlag, Boppard/Rhein und Salzburg

Eine
Kindergarten-
leiterin berichtet

Im Rahmen einer Dienstbesprechung machten wir die Bedeutung des Geburtstages zum Thema. Dabei kam zur Sprache, wie viele Kinder gerade an solch einem Tag im Überfluss leben. Die manchmal unbedacht eingekauften Geschenke treffen nicht den Kern der Sache. Sie geben dem Kind wenig Möglichkeit zur eigenen kreativen Handlung. Und das, was Kindern wirklich wichtig ist, Zeit und liebevolle Zuwendung, bleibt oftmals auf der Strecke. Deshalb beschlossen wir, die künftigen Geburtstagsfeiern in unserem Kindergarten neu zu bedenken und die Kinder stärker in unsere Überlegungen mit einzubeziehen.

In einer unserer regelmäßig stattfindenden Gesprächsrunden fragten wir die Kinder, was ihnen an ihrem Geburtstag wichtig sei und nicht fehlen dürfe.

Hier einige Antworten der Kinder:

- Das Hereinführen zur Geburtstagsfeier
- Das Hochlebenlassen
- Der geschmückte Tisch
- Das Überraschungsgeschenk
- Die Feier mit Liedern, Spielen und Geschichten
- Eigene Wünsche äußern dürfen
- Die Feier soll bei allen Kindern gleich sein
- Freunde einladen

Im weiteren Gespräch war es uns wichtig, den Kindern bewusst zu machen, dass Freude schenken nicht allein durch materielle Dinge geschieht. Deshalb fragten wir sie, in welcher Form wir dem Geburtstagskind Freude vermitteln können. Die Antworten kamen nicht spontan. Die Kinder überlegten eine Weile. Erst nachdem ein Kind sagte: „Das Geburtstagskind lieb in den Arm nehmen!", folgten weitere Antworten, wie z. B.

- Mit dem Geburtstagskind nicht zanken
- Dem Geburtstagskind Wünsche erfüllen
- Ein Geschenk basteln
- Ein Bild malen
- Mit dem Lieblingsspielzeug spielen lassen
- Eine Blume schenken
- Einen Kuchen backen und schenken
- Das Kind überraschen

Zum Abschluss dieser Gesprächsrunde äußerten einige Kinder den Wunsch, bei den Vorbereitungen zur Feier noch mehr als bisher mithelfen zu können. Andere wiederum sagten: „Nein, dann gibt es ja keine Überraschung mehr!" Wir einigten uns dahingehend, für die zukünftigen Geburtstage eine „Freude-kiste" (Seite 98) anzulegen. Darin wollen wir von Kindern, Eltern und uns selbst hergestellte Bastelarbeiten sammeln, mit denen wir künftig den Geburtstagskindern eine Freude machen wollen. Damit waren alle einverstanden.

Für mich selbst ist das Thema „Freude schenken" mit diesem Gespräch noch nicht beendet. Ich denke, ich werde es als weg-weisenden Schwerpunkt für die kommende Herbstzeit wählen.

Wir basteln und schenken – Bastelideen für die „Freudekiste"

Rassel

Material
1 leere Toiletten- oder Küchenpapierrolle
festes Tonpapier für Boden und Deckel
1 Bogen unifarbenes Schreibpapier
Schere, Malstifte, Klebstoff
Steinchen, Perlen oder Ähnliches zum Füllen
(keine Lebensmittel wie Linsen, Reis usw. verwenden)

Durchführung
Aus dem Tonpapier zwei große Kreise schneiden. Der Durchmesser muss mindestens 2 cm größer sein als der Durchmesser der Rolle. Den Rand ringsherum zackenförmig einschneiden, mit Kleber einstreichen und damit eine offene Seite der Rolle (Boden) verschließen. Nun das Füllmaterial einfüllen und die andere Seite (Deckel) verschließen. Zum Schluss die Rolle mit unifarbenem Papier bekleben und mit lustigen Motiven bemalen.

Hamsterdose

1 Papprolle (nicht zu hoch, evtl. durchschneiden) *Material*
festes Tonpapier
Schere, Malstifte, Klebstoff

Die beiden Öffnungen der Papprolle in der gleichen Weise wie *Durchführung*
bei der Rassel zukleben. In den Deckel vorher einen Geldschlitz
schneiden. Auf Tonpapier einen Hamster aufmalen, anmalen,
ausschneiden und auf die Papprolle kleben.
Achtung! Diese Spardose ist etwas für geduldige Sparer. Sie kann
erst geöffnet werden, wenn kein Spargroschen mehr hinein-
passt.

Puppenwiege

Innenteil einer großen Streichholzschachtel *Material*
festes Tonpapier oder Pappe
Schere, Malstifte, Klebstoff
evtl. Buntpapier zum Verzieren

Die Schachtel beliebig anmalen. Schablone für Kopf- und *Durchführung*
Fußende herstellen. Mittels Schablone beide Teile aufmalen und
ausschneiden. Dann nach eigenen Vorstellungen hübsch verzieren und als Kopf- und Fußende an die Schachtel kleben.

Wollpuppe

Material Wollreste

Durchführung Ein Bündel gleich langer Wollfäden wird über ein Brett gewickelt, aufgeschnitten und in verschiedener Art abgebunden (siehe Abbildungen). Beim Wickeln der Wolle und Abbinden der einzelnen Wollstränge auf die gewünschten Proportionen achten.

Schlange

Material Papier
Farbstifte, Schere, Klebstoff

Durchführung Der Körper wird aus einer Hexentreppe hergestellt. Zwei gleich lange Papierstreifen (ca. 50 x 3 cm) schneiden. Damit das Monster schön gruselig aussieht, die Streifen poppig anmalen oder grelles Papier wählen.
Die Streifen (siehe Skizze) mit beiden Enden übereinander legen und die Enden zusammenkleben. Nun den unteren Streifen über den oberen knicken usw. Zum Schluss die Enden zusammenkleben und die Schlange mit einem Gesicht nach eigener Vorstellung versehen.

Aus der Hexentreppe lassen sich auch viele Tiere herstellen.

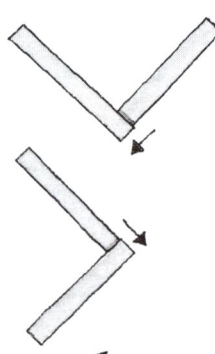

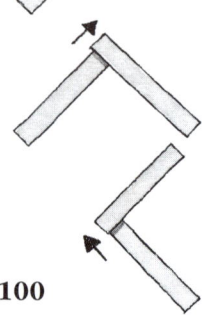

Ein Gottesdienst
zum Kindergartenanfang

Lasst die Kinder zu mir kommen

Seit einigen Jahren feiern wir in unserer Gemeinde für die neuen Kinder, ihre Eltern und Großeltern einen Begrüßungsgottesdienst. Unsere Familiengottesdienste haben sich für die Kinder, Eltern, Erzieher/innen, den Pfarrer und letztlich auch für die Gemeinde als ein wichtiges verbindendes Element erwiesen. Dabei ist es uns sehr wichtig, dass alle Altersgruppen durch aktives Mittun, durch das gemeinsame Lied, durch das Zuhören, Zuschauen und das gemeinsame Gebet die Gemeinschaft erleben und sich angenommen fühlen.

In diesem Jahr sollte die biblische Geschichte „Die Kindersegnung" zentrales Thema unseres Gottesdienstes sein. Zur Vorbereitung wurden die „Neuen" in unserem Kindergarten mit der biblischen Geschichte vertraut gemacht. Nach einer kindgerechten Nacherzählung durch eine Kollegin (Seite 113) begannen die Kinder spontan, die geschilderte Begebenheit nachzuspielen. Angeregt durch dieses aktive Mitgehen der Kinder entwickelten wir aus der biblischen Geschichte ein Rollenspiel für unseren Begrüßungsgottesdienst (Seite 102).

An einem Eltern-Kind-Nachmittag wurde die Kulisse für das nachfolgende, in den Gottesdienst integrierte Rollenspiel vorbereitet. Dazu besorgten uns einige Väter große Pappkartons. Daraus entstanden bunt bemalte Häuser, aus denen die Mitspielenden durch geöffnete Türen herauskommen konnten. Gleichzeitig wurde das Spiel von Müttern, Vätern, Erzieherinnen und Kindern, die eine Rolle übernahmen, eingeübt. *Vorbereitung*

Zum Orgelvorspiel ziehen die „alten" und „neuen" Kinder des Kindergartens zusammen mit dem Pfarrer und den Erzieher/innen in die Kirche ein. *Orgelvorspiel*

„Schwarze, Weiße, Rote, Gelbe, Gott hat sie alle lieb" (Seite 105). *Gemeindelied*

Neue Türen und Herzen öffnen sich und laden alle herzlich ein. Mit Vertrauen auf Gottes Güte einen neuen Anfang wagen. *Begrüßung durch den Pfarrer*

Singkreis *der Gemeinde*	„Sieh, für mich und dich öffnen Türen sich" (Seite 73).
Rollenspiel	Nach Markus 10, Verse 13–16: „Lasst die Kinder zu mir kommen"
	Es spielen mit: Jesus, 4 Jünger, 6 Mütter, 3 große Kinder, 2 Frauen, 1 alte Frau, 6–9 kleinere Kinder, Chor und Instrumentalgruppe.

Die Spielszenen werden jeweils mit leiser Musik untermalt.

Szenenbild	*Ein Marktplatz. Aus verschiedenen Häusern kommen Frauen und Kinder heraus und unterhalten sich. Sie warten geduldig auf Jesus. Einige laufen immer wieder zur Straße und halten Ausschau.*

Zwei Frauen:	Wie heißt dieser Mann, von dem alle sprechen?
1. großes Kind:	Er heißt Jesus!
2. großes Kind:	Er erzählt schöne Geschichten!
3. großes Kind:	Ja, Geschichten von uns und von Gott.
1. Mutter:	Er kommt! Er kommt! *Sie winkt mit einem Tuch. Die anderen eilen vom Marktplatz herbei und stellen sich an den Straßenrand.*
2. Mutter:	Ja, er ist es! Seine Jünger begleiten ihn. *Einige Mütter nehmen ihre Kinder an die Hand und laufen ihm entgegen.*
Alte Frau:	*auf einen Stock gestützt.* Wohin lauft ihr so geschwind?
3. Mutter:	Ich will mit meinem Kind zu Jesus. Man sagt, dass er die Armen und Schwachen besonders beschützt. Schau dir mein Kind an, es ist noch sehr schwach. *Einige Kinder spielen inzwischen unter Olivenbäumen Verstecken.*
Einige Mütter:	Sarah, David, Hannah, kommt zu uns, wir wollen mit euch zu Jesus gehen. *Die Jünger kommen näher heran. Jesus folgt mit etwas Abstand.*
1. Jünger:	*wendet sich zu den wartenden Müttern* Was wollt ihr denn alle mit den Kindern hier?

Alle Mütter:	Wir warten auf Jesus.
2. Jünger:	Geht wieder nach Haus. Die Kinder sind doch noch viel zu klein.
Alle Mütter:	Wozu sind sie zu klein?
3. Jünger:	Sie können noch nicht zuhören und stören doch nur.
Alle Mütter:	Bitte, schickt uns nicht fort.
3. Mutter mit kleinem Kind:	Wir möchten, dass Jesus uns von Gott erzählt und unsere Kinder segnet.
4. Jünger:	*ungeduldig* Ihr habt doch gehört, schickt eure Kinder nach Haus, Jesus hat schon genug zu tun! *Jesus kommt näher heran und hört die Jünger schimpfen.*
Jesus:	*ärgerlich* Warum schickt ihr die Mütter und die Kinder fort? Wisst ihr denn nicht, dass gerade die Kinder in ganz besonderer Weise nahe zu Gott gehören?
Alle Jünger:	Wir wollten dir doch nur etwas Ruhe gönnen.
Jesus:	*breitet seine Arme aus* Kommt alle zu mir! *Alle Kinder laufen zu Jesus, der sie liebevoll umfängt und segnet. Dann setzt sich Jesus ins Gras. Die Kinder setzen sich zu ihm und sitzen bald dicht gedrängt um ihn herum. Auch die Mütter und alle anderen Personen setzen sich.*
Lied:	*gesungen vom Chor mit Begleitung der Instrumentalgruppe (1. Vers)*

1. Lasst die Kin-der zu mir kom-men,
2. Lasst die Men-schen zu mir kom-men,

kommt mit al-len Kin - dern!
her auf al-len We - gen!

103

F   C   Dm

Lasst die Kin - der zu mir kom - men,
Lasst die Men - schen zu mir kom - men,

Am   C F Am

1. nie - mand soll sie hin - dern. Denn es wer - den
2. wehrt euch nicht da - ge - gen. Denn es wer - den

Dm   Am   C

in mein Reich Kin - der auf - ge - nom - men.
in mein Reich al - le auf - ge - nom - men,

F Dm   C   Dm Am C

Lasst sie al - le 1. gern he - rein. Groß und Klein darf
wenn sie, ei - nem 2. Kin - de gleich, voll Ver - trau - en

F

kom - men.
kom - men.

Nachdem die Mitspielenden den ersten Vers gesungen haben, werden auch die Kindergartenkinder von Jesus aufgefordert, zu ihm zu kommen. Nun singen alle gemeinsam das Lied.

Von einer Erzieherin gesprochen
Nun gehen wieder neue Kinder durch unsere Kindergarten-türen. Gott, ich bitte dich, beschütze sie auf ihrem Weg zu uns und auf ihrem Heimweg gleichermaßen. Hilf, dass wir alle Kin-der, die uns anvertraut sind, in ihrer Einzigartigkeit liebevoll an-nehmen und ihnen mit dem nötigen Verständnis begegnen. – Amen.

"Sieh für mich..."

*Singkreis der
Gemeinde*

*Nach dem Vaterunser und dem Segen fassen sich alle Besucher
und Mitspielende des Gottesdienstes an die Hand. Gemeinsam
singen sie das Ausgangslied.*

*Vaterunser und
Segen*

"Ich hab eine Hand" (Seite 80).

Ausgangslied

Schwarze, Weiße, Rote, Gelbe

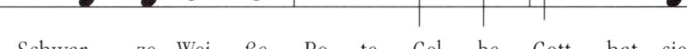

Schwar - ze, Wei - ße, Ro - te, Gel - be, Gott hat sie

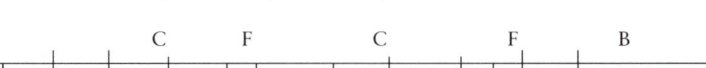

al - le lieb; Schwar - ze, Wei - ße, Ro - te, Gel - be,

Gott hat sie lieb; Gott macht kei - ne

Un - ter - schie - de. Gott hat uns al - le lieb;

Gott ist Lie - be, Gott gibt Frie - den. Gott hat uns lieb.

Arm und Reich, Gesunde, Kranke ...

(weitere Strophen selber ausdenken)

Text und Melodie: Kurt Rommel © Strube Verlag, München/Berlin

105

Eltern als Partner

Möglichkeiten der Elternarbeit

Eltern und Erzieherinnen haben für einige Jahre eine gemeinsame Aufgabe übernommen. Sie wollen Kinder in einem bestimmten Lebensabschnitt begleiten, fördern und in ihrer Persönlichkeit stärken. Diese gemeinsame Aufgabe kann sich für alle Beteiligten nur dann positiv entwickeln, wenn sie vom Vertrauen aller getragen wird. Wenn Eltern und Erzieher/innen in einem ständigen Austausch stehen, können beide die Lebenssituationen der Kinder besser verstehen lernen. In welcher Intensität Elternarbeit stattfindet, hängt allerdings von vielen Faktoren ab:
Von den persönlichen Einstellungen und Erfahrungen der Erzieher/innen und Eltern, vom sozialen Umfeld der Einrichtung und von den individuellen Fähigkeiten und Möglichkeiten des Fachpersonals.
Daraus ergibt sich, dass die Zusammenarbeit mit den Eltern in jedem Kindergarten in unterschiedlicher Weise durchgeführt wird. Mögliche Formen der Elternarbeit könnten sein:

Schriftliche Information
- Elternbriefe
- Kindergartenzeitung
- Informationswände
- Pädagogisches Konzept

Verbale Kommunikation
- Einzelgespräche
- Hausbesuche
- Elternstammtisch
- Mitsprache durch Elternvertreter
- Beratungsgespräche
- Gesprächsnachmittage

Gemeinsame Aktivitäten
- Elternabende (themenbezogen)
- Informationselternabende
- Hospitationen
- Kindergartenfeste
- Familiengottesdienste
- Ausflüge

- Tag der offenen Tür
- Buch- und Spielausstellungen
- Zusammenarbeit in verschiedenen Gremien

Der erste Elternabend

Eine gute Möglichkeit der ersten Zusammenarbeit zwischen Kindergarten und Elternhaus stellt der erste Elternabend dar.

Für viele Eltern, insbesondere jedoch für Alleinerziehende, ist es nicht leicht, sich für einen Abend vom Kind zu entfernen. Oft müssen sie für die Zeit der Abwesenheit von zu Hause extra einen Babysitter besorgen. Deshalb sollten die Einladungen rechtzeitig erfolgen und nicht nur die Uhrzeit des Beginns, sondern auch des Endes angegeben werden.

Der ersten Zusammenarbeit sehen alle Beteiligten mit einer gewissen Unsicherheit entgegen, denn beide Partner wissen noch zu wenig voneinander und können daher die gegenseitigen Erwartungen nicht einschätzen. Neben wichtigen Informationen spielt das Kennenlernen eine große Rolle und sollte einen breiten Raum einnehmen.

Die erste Begegnung – auch der Eltern untereinander – muss in einer freundlichen und entspannten Atmosphäre stattfinden und für alle angstfrei verlaufen. Nur so kann Vertrauen wachsen und können anfängliche Hemmungen abgebaut werden. Oft ist der erste Elternabend entscheidend für die Teilnahme der Eltern an zukünftigen Elternabenden.

Vielleicht regt Sie das folgende Gedicht „Der mutige Hase" dazu an, auf einem Elternabend einen originellen Einstieg zu einem Gespräch über ein bestimmtes Thema zu versuchen, z. B.
- „Was mein Kind schon alles kann"
- „Wenn Kinder selbstständig werden"
- „Sollen wir unser Kind fördern oder bremsen?"
- „Wenn Kinder ein ausgeprägtes Selbstbewusstsein entwickeln"

Der mutige Hase

Es war einmal ein Hase klein,
der wollte in den Schwimmverein.
Der Vater sagt: „Das gibt's doch nicht,
was bist du für ein dummer Wicht.
Hast jemals Hasen du gesehen,
die freiwillig ins Wasser gehen?"
Die Mutter spricht: „Es kommt drauf an.
Man weiß ja nie, was einer kann.
Vielleicht ist er ein Wunderknabe
und hat 'ne ganz besondere Gabe.
Es gibt auch Hasen, die gut singen,
dann kann er auch ins Wasser springen.
Nur wer was wagt, der auch gewinnt,
selbst wenn es scheint, als ob er spinnt."
Gesagt, getan, der Has' fing an,
ein jeder staunt, was er so kann.
Mit all dem Eifer, den er hatte,
ward er 'ne echte Wasserratte.
Der Vater wurde schnell belehrt:
Wer nichts probiert, der lebt verkehrt.

Monika Jüntschke

108

Wenn Sie gerne fotografieren, können Sie die Kinder in den ersten Wochen beim Spielen in der Gruppe aufnehmen und aus den Bildern eine kleine Dia-Schau zusammenstellen, mit der Sie den ersten Elternabend einleiten. Achten Sie darauf, dass jedes Kind mindestens einmal gut zu sehen ist. Wenn Sie zu jedem Dia ein paar nette Worte sagen, haben Sie einen guten Einstieg in den Abend.

Sie können die „Neuen" im Kindergarten auch anregen, auf einem großen Blatt ihre Eltern oder die ganze Familie zu malen. Diese Bilder stellen Sie dann mit ein paar launigen Worten am Elternabend vor nach dem Motto: „Ähnlichkeiten mit lebenden Personen sind rein zufällig".

Eine weitere Möglichkeit könnte sein, zu Beginn des Eltern-abends eine Geschichte vorzulesen, an die Sie dann in einem lockeren Gespräch anknüpfen können. Eine Geschichte, die viele Gesprächsimpulse enthält, ist beispielsweise „Die ver-schlossene Tür" von Paul Maar (Seite 115).

Überlegen Sie selbst, welche Art von Einstieg Ihnen am besten liegt. Ihrer Kreativität und Ihrem Einfallsreichtum sind keine Grenzen gesetzt.

Eine Gruppenleiterin erzählt

Ich habe mich als Auftakt zu unserem Kennenlern-Abend für ein Lied entschieden, weil Singen befreit, gemeinsames Singen Gemeinschaft erzeugt und vorhandene Hemmungen abbaut. Ich singe zwar nicht besonders gut, aber sehr gerne. Nach einer kurzen Begrüßung sangen meine Kollegin und ich mit allen Anwesenden mein Lieblingslied: „Das wünsch ich sehr" (siehe „Im Kindergarten Weihnachten erleben", Seite 81).

Dieses Lied habe ich gewählt, weil der Text der gegebenen Situation entsprach. Als ich nach Beendigung unseres Singens gestand, dass ich die Anwesenden mit ängstlichem Herzklopfen begrüßt hatte, nickten mir fast alle zustimmend zu. Eine mutige Mutter meinte, sie könne das gut nachvollziehen, denn ihr Herz klopfe noch immer. Mit meiner ehrlich gemeinten Offenheit habe ich zu den Eltern eine Brücke geschlagen und bin für sie von einem symbolischen Sockel gestiegen. Das bringt Nähe und baut Ängste ab. Ich spürte, dass die erste große Scheu verflogen war.

Für die *Vorstellungsrunde* hatte ich an der Wand des Grup-penraumes aus der Kennenlernrunde der neuen Kinder Fuß-sohlenbilder aufgehängt, die alle symbolisch zum Kindergarten

laufen. An dieses Bild knüpfte ich an und sagte, dass meiner Meinung nach etwas Wichtiges fehle. „Ja", antwortete ein Vater, *unsere* Sohlen!" Wir legten zur Auswahl buntes Papier, Stifte und Scheren bereit, und dann ging es los. Stifte und Scheren mussten untereinander ausgetauscht werden. Das war von uns so geplant, denn auf diese Weise entstand eine ungezwungene Kommunikation. Nachdem die Eltern ihre Sohlen mit Namen versehen und denen ihres Kindes zugeordnet hatten, waren alle schon ganz locker.

Zum Vertiefen der Namen spielten wir anschließend das Wollknäuelspiel. Meine Kollegin begann. Sie nannte ihren Namen und warf ein Wollknäuel mit dicker Wolle mir zu. Den Anfang des Wollfadens behielt sie in der Hand. Jetzt nannte ich meinen Namen und warf das Knäuel einer Mutter zu. Sie nannte ihren Namen und den ihres Kindes. Das Wollknäuel wanderte nun von Person zu Person. Durch das Weiterwerfen wird das Wollknäuel immer weiter abgerollt. Deshalb ist es wichtig, dass der Wollfaden lang genug ist und für alle reicht. Jeder muss den Faden gut in der Hand behalten, vor allem am Anfang. Nachdem die letzte Teilnehmerin ihren Namen genannt hatte, waren wir alle mit dem Wollfaden verbunden. Meine Kollegin brachte zum Ausdruck, dass die symbolische Gemeinschaft, die durch das Spiel entstanden sei, noch wachsen möge. Danach wurde unser Wollfadennetz in umgekehrter Reihenfolge mit nochmaliger Namensnennung wieder entwirrt.

Bei diesem Spiel ging es lustig zu. Als wir zum Abschied noch einmal unser Begrüßungslied anstimmten, sangen alle befreit mit. Ich denke, an diesem Abend fühlte sich jeder gleichwertig. Das motiviert zu einer weiteren Zusammenarbeit.

Zum Vorlesen und Erzählen

Die Geschichte von der Apfelinsel

Auf einer Insel, irgendwo im weiten Meer, lebte einmal ein kleines Bärenvolk. Die Insel hatte viele Hügel, die über und über mit saftigem Gras bewachsen waren. Das sah besonders von weitem sehr schön aus.

Die Bären nannten ihre Insel „Bäreninsel", und das Gras nannten sie „Bärengras". Überhaupt sagten sie zu allem und jedem „Bär" am Anfang. Zum Beispiel: „Ich habe einen Bärenhunger! Ich werde jetzt eine Bärensuppe essen und ein Bärenbrot, und dann lege ich mich in mein Bärenbett und schlafe so richtig bärig bis zum Bärensonntag durch."

Solche komischen Bären waren das!

Eines Tages kam ein fremder Seebär auf die Bäreninsel. Er kam mit einem Segelboot, mit dem wollte er die Welt umsegeln, und weil er frisches Wasser brauchte, legte er bei der Bäreninsel eine kurze Rast ein.

Mit diesem fremden Bären fing alles an. Er brachte nämlich zehn Äpfel mit, und das war für die Bären auf der Bäreninsel ein sensationelles Ereignis! Sie hatten noch nie zuvor Äpfel gesehen. Als sie die Äpfel aßen, gerieten sie ganz aus dem Häuschen vor Entzücken, denn sie schmeckten ihnen außerordentlich gut.

„Die schmecken ja bärrlich, die Bärenäpfel!", riefen sie und mampften sie mit Stumpf und Stengel.

Nun kamen aber immer mehr Bären an den Strand gelaufen, und als sie hörten, wie gut die Äpfel schmecken, wollten sie selbstverständlich ebenfalls einen kosten. Doch der fremde Seebär hatte keine Äpfel mehr. Die Bären, die zuerst an den Strand gekommen waren, hatten keinen übrig gelassen.

„Das ist eine Bärenungerechtigkeit!", riefen die übrigen Bären. „Wir wollen auch so einen Bärenapfel essen!"

Und im Handumdrehen war eine nette Streiterei im Gange.

Da sagte der Weltumsegler-Bär: „Streitet euch nicht. Schaut, ich habe noch zwei Apfelkerne gefunden. Wenn ihr die in die Erde steckt und fleißig gießt, wachsen ganz sicher zwei Apfelbäume, und dann habt ihr jedes Jahr Äpfel für euch alle!"

Nun, die Bären steckten sofort die beiden Kerne in den Boden, hinten auf der großen Bärenwiese, und gossen sie mit Bärenwasser von der Bärenquelle.

Der fremde Bär holte ebenfalls Wasser von der Quelle und segelte dann weiter.

Nach einigen Tagen begannen die Apfelbäumchen zu wachsen. Der Boden der Bäreninsel war nämlich ungewöhnlich fruchtbar. Außerdem freute er sich wahrscheinlich, dass nun endlich etwas anderes auf ihm wuchs als das ewige Bärengras. Kurz und gut, die Bäumchen wuchsen unheimlich rasch, und je höher sie wurden, desto größer war die Freude der Bären. Sie gossen die Bäumchen mindestens zehnmal am Tag und jeden Morgen liefen sie ungeduldig zur Bärenwiese, um nachzusehen, ob schon ein Apfel zwischen den Blättern hervorguckte.

Die Tage und Wochen vergingen, und die Apfelbäumchen waren zu richtigen Bäumen geworden. Sie wurden immer höher, und nach weiteren zwei Wochen waren sie schon dreißig Meter hoch, hatten aber noch immer keine Früchte.

„Vielleicht gießen wir sie zu viel, die Bärenbäume?", meinte ein Bär, und von diesem Tag an gossen sie nur noch ganz wenig.

Und eines Tages war es soweit! Über Nacht hatten die Bäume Äpfel bekommen!

Ja, auf der Bäreninsel war das ganz anders als bei uns! Als die Äpfel ganz reif waren, fielen sie herunter, und weil die Bäume so hoch waren, zerschellten sie auf dem Boden. So ging das nicht! Die Bären waren bärenunglücklich. Nun hatten sie die Äpfel und konnten bloß Apfelmus essen.

Da hatten sie eine gute Idee!

Sie kletterten auf die Bäume und bauten kleine Hütten, dicht unter den Kronen. Die reifen Äpfel fielen auf die Hüttendächer und wurden über die Dachrinne in das Innere geleitet.

Wunderbar!

Doch dann kamen die Vögel von der Nachbarinsel! Und die waren ganz gierig auf die Äpfel. In Null Komma nichts hätten sie die Bäume kahl gefressen, wenn die Bären sie nicht verteidigt hätten.

„Geht weg, ihr dummen Bärenvögel! Das sind unsere Bärenäpfel!", schrien die Bären und schlugen mit Besen nach den Vögeln.

Doch viel half das nicht. Als der Tag zu Ende ging, waren die Apfelbäume leer gefressen.

Da waren die Bären sehr traurig. Ein paar Körbe voll hatten sie zwar retten können, doch es reichte bei weitem nicht für alle. Nun überlegten sie, wie sie die Bäume für das nächste Jahr vor den Vögeln schützen könnten. Die Bären zeichneten Pläne von

großen Netzen und Käfigen, die sie über die Baumkronen stülpen wollten.

Ein zweites Mal würde ihnen das nicht mehr passieren!

Es war drei Wochen nach der Apfelernte, als die Bären etwas Merkwürdiges bemerkten. Überall auf ihrer Insel begannen kleine Apfelbäume zu wachsen!

Die Vögel hatten nämlich die Äpfel davongetragen, über die ganze Insel verstreut und überall die Apfelkerne liegen gelassen. Und da die Bäreninsel so fruchtbar war, hatten die Kerne gleich zu treiben begonnen.

Ein Jahr später sah man fast die Insel nicht mehr vor lauter Apfelbäumen. Von nun an hieß die Insel „Apfelinsel", und alles drehte sich nur noch um Äpfel. Die Bären redeten plötzlich auch anders. Zum Beispiel konnte man einen sagen hören: „Das ist ein herrlicher Apfeltag! Die Apfelsonne scheint so schön. Machen wir einen Apfelspaziergang, Apfelbär?"

Und der andere erwiderte: „Ja, Apfelbär, gehen wir zum Apfelstrand, vielleicht sehen wir ein Apfelschiff!"

Erwin Moser
Aus: „Geschichten aus der Flasche im Meer",
1985 Beltz Verlag, Weinheim und Basel
Programm Beltz & Gelberg, Weinheim

Lasst die Kinder zu mir kommen

Jesus wandert mit seinen Jüngern, das sind seine Freunde, durch das Land und erzählt von Gott.

Eines Tages kommen sie in eine kleine Stadt. Die Menschen hier haben schon von Jesus gehört. Aus allen Häusern eilen sie herbei. Und bald sind auf dem Marktplatz viele Leute versammelt. „Wer ist dieser Mann, der so viel Gutes tut?", fragen sie und warten voller Ungeduld auf Jesus. Jetzt hat eine Frau, die schon sehr lange am Straßenrand steht, ihn entdeckt.

113

„Er kommt", ruft sie den anderen zu. Ja, er ist es. Zusammen mit seinen Jüngern kommt er näher. Einige, die es nicht abwarten können, laufen ihm entgegen.

Auch eine Mutter nimmt ihr kleines Kind auf den Arm und eilt den anderen Menschen nach.

„Wohin läufst du so geschwind?", fragt eine alte Frau, die auf ihren Stock gestützt geduldig wartet.

„Ich will mit meinem Kind zu Jesus", antwortet sie. „Man sagt, dass er zu den Armen und Schwachen besonders lieb ist. Schau mein Kind an, ist es nicht noch sehr schwach?"

Nun rufen noch mehr Mütter ihre Kinder zu sich und gehen mit. Die Jünger, die vor Jesus hergehen, sehen die Kinder. Auch ganz kleine sind dabei. Einige Kinder vertreiben sich die Wartezeit und spielen zwischen Olivenbäumen Verstecken. Es geht recht laut und lustig zu.

„Was wollt ihr mit den Kindern hier?", rufen die Jünger. „Sie sind noch viel zu klein, sie können noch nicht still zuhören und verstehen nicht, was Jesus sagt. Geht mit euren Kindern wieder nach Hause, denn sie stören nur!"

Doch die Mütter lassen sich nicht wegschicken: „Wir möchten von Gott hören und Jesus bitten, dass er unsere Kinder segnet."

Ungeduldig sagen die Jünger: „Jesus hat schon genug zu tun, geht fort und lasst ihn in Ruhe!"

Inzwischen ist Jesus näher gekommen und hört die abweisenden Worte seiner Jünger. Erstaunt und zugleich ärgerlich fragt er sie: „Warum wehrt ihr die Kinder ab? Lasst sie zu mir kommen und hindert sie nicht. Wisst ihr denn nicht, dass gerade die Kinder besonders nahe zu Gott gehören?"

Erschrocken antworten die Jünger: „Wir wollten dir doch nur helfen, denn du hast schon so viel Arbeit und gönnst dir keine Ruhe."

Nun laufen die Kinder zu Jesus. Die Kleinsten nimmt er auf den Arm, drückt und küsst sie, die Größeren schmiegen sich bei ihm an. Er legt den Kindern seine Hand auf den Kopf und segnet sie. Zu den Müttern sagt er: „Gott hat euch und eure Kinder besonders lieb."

Während Jesus so spricht, schaut er sie alle liebevoll an. Die Mütter empfinden eine tiefe Dankbarkeit. Gemeinsam mit ihren Kindern gehen sie frohen Herzens wieder nach Hause.

Ilse Jüntschke
Nach Markus, Kap. 10, Vers 13–16; Matthäus, Kap. 19, Vers 13–15; Lukas, Kap. 18, Vers 15–17

Die verschlossene Tür
(für Erwachsene)

Ich muss damals acht Jahre alt gewesen sein, als ich im Hause meiner Großeltern die Tür entdeckte, die mir Angst machte. Sie befand sich oben im Dachboden des alten Gebäudes.

Es war eine gewöhnliche, braune Tür aus unbearbeitetem Holz. Einige Male war ich schon mit Großvater oben im Dachboden gewesen, aber die Tür war mir noch nie aufgefallen.

„Opa, woher kommt die Tür?", fragte ich.

„Woher soll sie kommen, sie ist schon immer da", antwortete Großvater gleichmütig. Er suchte unter all dem Gerümpel nach leeren Flaschen.

„Und wohin führt sie?", fragte ich weiter.

„Nirgendwohin", sagte er und blies den Staub von einer Flasche und stellte sie zu den übrigen in einen Korb.

„Nirgendwohin? Das gibt es doch gar nicht. Ich meine: Wenn man da durchgeht, wo kommt man da hin?"

„Man kann nicht durchgehen."

„Habt ihr den Schlüssel verloren?"

„Nein, sie ist nicht abgeschlossen", sagte er und lachte ein wenig. „Du kannst sie öffnen, wenn du dich traust, die Spinnweben wegzuziehen."

Ich trat auf die Tür zu, streckte den Zeigefinger aus und wischte damit die Spinnweben fort, die vom Türgriff herabhingen. Irgendetwas hinderte mich daran, den Griff zu fassen, niederzudrücken und die Tür aufzuziehen.

An diesem Abend konnte ich lange nicht einschlafen. Immer musste ich an die Tür denken, die ich nicht geöffnet hatte und die ins Nirgendwo führte. Schließlich schlief ich doch ein und träumte von einer Tür, aus der eine große Hand griff, die mich

hindurchziehen wollte. Ich sträubte mich dagegen, schrie und schlug um mich, bis Großmutter kam und mich wachrüttelte.

Während des Tages vergaß ich die Tür. Am Abend im Bett kam die Angst wieder. Und wieder hatte ich einen Alptraum, in dem eine riesige Tür eine Rolle spielte.

„Heute Nacht hast du wieder im Schlaf geschrien", sagte Großvater beim Frühstück. „Sag schon, was ist da los?"

„Ich fürchte mich vor der Tür", gestand ich.

„Vor der Tür?", fragte er verständnislos.

„Vor der Tür im Boden."

Er schien zu begreifen. „Die Tür, die du aufmachen wolltest und dann doch nicht geöffnet hast", sagte er. „Da gibt es nur ein Mittel: Wir gehen zusammen nach oben und öffnen sie."

Er nahm mich bei der Hand und wir stiegen gemeinsam die Treppen hoch zum Dachboden. Vor der Tür blieb er stehen.

„Mach auf!", sagte er.

„Kannst du sie nicht aufmachen?", fragte ich.

„Nein", sagte er. „Wenn man Angst hat, gibt es nur ein Mittel dagegen: Man muss durch die Angst durch. Wenn du die Tür öffnest, wirst du dich nie mehr vor ihr fürchten."

Ich stand vor der Tür und streckte die Hand nach dem Griff aus. Ich fand es lächerlich. Aber ich schaffte es nicht, diese Tür aufzumachen. Mein Mund war trocken, meine Hände zitterten. Ich fühlte Schweißtropfen auf meiner Stirn.

„Bitte Opa, mach du die Tür auf", bat ich.

Er schüttelte den Kopf. „Du musst es selber tun", sagte er.

Mit einem Ruck riss ich den Türgriff nach unten und zog die Tür auf: Dahinter war nichts als eine rote Backsteinmauer.

„Du hast es geschafft", sagte Großvater erleichtert.

„Siehst du, es ist genauso, wie ich dir gesagt habe, die Tür führt nirgendwo hin."

„Aber warum ist da eine Mauer?", fragte ich.

„Früher haben dieses Haus und das Nachbarhaus zusammengehört, man konnte von einem Dachboden zum anderen gehen", erklärte er. „Als mein Vater das Haus gekauft hat, ließ er die Türöffnung zumauern. Darum ist da jetzt eine Mauer."

Natürlich habe ich später noch einmal Angst gehabt, auch als Erwachsener. Aber sein Rezept, dass man „durch die Angst durchgehen müsse", hat mir geholfen.

116   Paul Maar
Aus: Manfred Mai „Keine Angst vor der Angst", Verlag Spectrum, Fellbach

Überblick über den Inhalt

Ilse Jüntschke

Im Kindergarten die Herbstzeit erleben

Anregungen und Vorschläge für Erzieherinnen

Mit einleitenden Beiträgen von Wolfgang Longardt
136 Seiten, mit Illustrationen von Iris Buchholz,
Elke Junker und Stefan Horst, kartoniert

Dieses Buch bietet Erzieherinnen eine Fülle von Anregungen zur Gestaltung der Herbstzeit im Kindergarten. Es ist in fünf Kapitel gegliedert:

1. Wachsen wie ein Bäumchen;

2. Sonne und Regen kommen gezogen;

3. Schaut, was wir geerntet haben;

4. Wir danken für das tägliche Brot;

5. Wir feiern und teilen.

Zu jedem Themenbereich berichten Erzieherinnen über eigene Erfahrungen, geben Anregungen und motivieren zu eigener Erprobung. Die Vorschläge zum Basteln und Spielen, zum Singen, Vorlesen und gemeinsamen Feiern sind so ausgewählt, dass sie ohne großen Aufwand umgesetzt werden können. Das Buch enthält zudem Anregungen für die Gestaltung von gemeinsamen Festen und Familiengottesdiensten. Am Ende befindet sich ein Überblick über alle Vorschläge, der eine rasche Übersicht ermöglicht.

Ilse Jüntschke

Im Kindergarten Weihnachten erleben

Anregungen und Vorschläge für Erzieherinnen

Mit einleitenden Beiträgen von Wolfgang Longardt
128 Seiten, mit Illustrationen von Elke Junker
und Stefan Horst, kartoniert

Alle Erzieherinnen, die Jahr für Jahr vor der schwierigen Aufgabe stehen, im Kindergarten die Advents- und Weihnachtszeit zu gestalten, möchte dieses Buch eine Hilfe sein.

Die vier Kapitel des Buches thematisieren jeweils ein zentrales weihnachtliches Symbol: Licht, Freude, Weg und Tür. Vor allem „Licht" als Symbol der Hoffnung und freudiger Erwartung durchzieht das Buch wie ein roter Faden.

Zu jedem Themenbereich berichten Erzieherinnen über eigene Erfahrungen, geben Anregungen und motivieren zu eigener Erprobung. Die Vorschläge zum Basteln und Spielen, zum Singen, Vorlesen und gemeinsamen Feiern sind so ausgewählt, dass sie ohne großen Aufwand umgesetzt werden können. Über die Arbeit mit den Kindern hinaus enthält das Buch Anregungen für Elternabende und Adventsfeiern und zur Mitgestaltung von Familiengottesdiensten. Am Ende des Buches findet sich ein Überblick über alle Vorschläge.